U0934573

QUALITY AND SAFETY MANAGEMENT ATLAS
OF TRAFFIC CONSTRUCTION WORKS IN ZHEJIANG PROVINCE

浙江省交通建设工程
现场质量安全
管理图册

2019 版

浙江省交通工程管理中心
浙江交工集团股份有限公司 编

人民交通出版社股份有限公司
China Communications Press Co.,Ltd.

内 容 提 要

为便于工程一线人员提升质量安全意识和业务能力，浙江省交通工程管理中心组织浙江交工集团股份有限公司等单位编辑出版了本书，对质量安全管理中的重点环节进行了分析和总结，以工程实践中的常见案例图片进行展现，力求简明扼要、通俗实用，供各交通建设工程项目参建单位在组织从业人员学习时借鉴使用。

图书在版编目(CIP)数据

浙江省交通建设工程现场质量安全管理图册：2019版／浙江省交通工程管理中心，浙江交工集团股份有限公司编.—北京：人民交通出版社股份有限公司，2019.6

ISBN 978-7-114-15548-2

Ⅰ.①浙… Ⅱ.①浙… ②浙… Ⅲ.①交通工程—工程施工—安全管理—浙江—图集 Ⅳ.① U415-64

中国版本图书馆 CIP 数据核字 (2019) 第 096565 号

书　　名：浙江省交通建设工程现场质量安全管理图册（2019 版）
著 作 者：浙江省交通工程管理中心　浙江交工集团股份有限公司
责任编辑：王　丹
责任校对：张　贺
责任印制：张　凯
出版发行：人民交通出版社股份有限公司
地　　址：（100011）北京市朝阳区安定门外外馆斜街3号
网　　址：http：//www.ccpress.com.cn
销售电话：（010）59757973
总 经 销：人民交通出版社股份有限公司发行部
经　　销：各地新华书店
印　　刷：北京印匠彩色印刷有限公司
开　　本：880×1230　1/16
印　　张：16
字　　数：390千
版　　次：2019年6月　第 1 版
印　　次：2019年6月　第 1 次印刷
书　　号：ISBN 978-7-114-15548-2
定　　价：180.00元

审定
委员会成员
（排名不分先后）

邵　宏　宣剑裕　张慧昕　戴晓栋　邵文年
吴　伟　单光炎　陈继禹　傅　佟

质量篇
编写委员会成员
（排名不分先后）

陈妙初　王泽林　林　春　廖建军　顾森华
邵文勇　黄夏明　支彦锋　卢　亮　翁艾平
刘国超　赵殿鹏　李舒扬　徐发容　徐　刚
李　超　曾　嵘　许建兴　杨晓红　王永强
杨剑锃　徐燕峰　项向阳　叶水标　金　莹
俞宝龙　裘高松　陶然位　冯炳森　蒋华龙
陶万涛　钱梦叮　方晓剑

安全篇
编写委员会成员
（排名不分先后）

廖乾旭　孙晓军　翟　弢　方　堃　李　聪
边成友　湛守库　朱叶军　潘金锋　陈辉辉
刘长文　朱文喜

前言 PREFACE

交通基础设施建设是交通强国的基础，其质量安全管理水平切实关系到一方百姓交通出行的安全感、幸福感和获得感。

近年来，浙江省交通工程管理中心按照实施现代综合交通战略和建设品质工程的总体要求，不断完善质量安全监管体系，创新质量安全文化建设，积极推广自动化、智能化、大型化的施工设备和定型式、装配式的安全防护设施，如隧道机械化施工“九台套”成套设备等，进一步强化了质量安全管理。

未来，浙江省的交通基础设施重大建设项目大多位于山区和滨海地区，桥隧比例高、结构复杂，施工难度大，对浙江省交通项目建设的质量安全管理提出了新的挑战。习近平总书记指出：“奋斗本身就是一种幸福”。面对新的挑战，我中心将不断推进交通强国战略实施和品质工程建设，为浙江省着力打造交通强国建设示范区、更高质量发展先行区和人民满意交通样板区当好先行。

高质量发展关键在于人。为便于工程一线人员提升质量安全意识和业务能力，我中心组织浙江交工集团股份有限公司等单位编写了本书，本书对质量安全管理中的重点环节进行了分析和总结，辅以工程实践中的常见案例图片，力求简明扼要、通俗实用，供各交通工程建设项目参建单位在组织从业人员学习时借鉴使用。本书在编写过程中，得到了诸多交通同行的支持与帮助，在此一并表示衷心的感谢。

浙江省交通工程管理中心

2019 年 4 月

目录

CONTENTS

QUALITY AND SAFETY MANAGEMENT ATLAS
OF TRAFFIC CONSTRUCTION WORKS IN ZHEJIANG PROVINCE

目录
CONTENTS

第二篇
安全

目录
CONTENTS

QUALITY AND SAFETY MANAGEMENT ATLAS
OF TRAFFIC CONSTRUCTION WORKS IN ZHEJIANG PROVINCE

质

CHAPTER ONE

第 一 篇

Q u a l i t y

1 桥梁工程

Bridge Engineering

1.1 施工设备

Construction Equipment

钢筋下料

■ MEP 全自动钢筋剪切中心

鱼山大桥项目

■ 金属带锯床

台州湾大桥及接线工程 TS10 标

钢筋直螺纹加工

■ 钢筋镦粗机

G25 富阳至 G60 诸暨高速联络线工程 (EPC 项目)

■ 钢筋直螺纹加工流水线

台州湾大桥及接线工程 TS14 标

■ 钢筋滚丝机

宁波舟山港主通道工程 1 标

■ 全自动钢筋切割打磨滚丝一体机

宁波舟山港主通道工程 1 标

■ 钢筋端面铣平机

台州湾大桥及接线工程 TS10 标

钢筋弯曲

■ MEP 全自动钢筋弯曲中心

鱼山大桥项目

■ 数控弯箍中心

义乌疏港高速公路工程项目

■ 数控弯曲中心

义乌疏港高速公路工程项目

■ 加强箍自动焊接弯曲机

乐清湾大桥及接线工程 YS01 标

钢筋笼加工

■ **钢筋笼滚焊机**（适用桩径≤ 2500mm）
钱江通道及接线工程北接线 PPP 项目

■ **大直径钢筋笼自动盘丝机**（适用桩径＞ 2500mm）
温州瓯江北口大桥工程项目土建二标项目

■ **钢筋笼激光检测仪**
台州湾大桥及接线工程 TS14 标

■ 自动焊接机器人

宁波舟山港主通道工程 1 标

■ 焊接前，拟合焊接姿态，校核焊枪中心是否对准焊缝中心。

■ 二氧化碳气体保护焊 。焊后无须处理焊渣，熔敷率高，焊接质量可靠。

台州湾大桥及接线工程 TS10 标

其他设备

■ **智能张拉机**

乐清湾大桥及接线工程 YS05 标

■ **智能压浆机**

钱江通道及接线工程北接线 PPP 项目

质量

1.2 场站建设

Station Construction

■ T 梁预制场

长深高速浙江省湖州段扩容工程第 KTJ01 标

■ 节段梁预制场

宁波舟山港主通道工程 1 标

■ 立柱、盖梁预制场

鱼山大桥项目

■ 上部结构钢筋加工厂。通过合理布设功能区，提升标准化施工水平。

乐清湾大桥及接线工程 YS05 标

■ 钢筋笼加工厂。左侧为机械化生产线，右侧为成品规范化存放区。

温州瓯江北口大桥工程项目土建 2 标

■ 钢筋半成品仓储式配送中心

台州湾大桥及接线工程 PPP1 标

■ 全封闭环保型混凝土拌和站

杭州绕城西复线杭绍段 TJ07 标段

■ 砂石清洗站

宁波舟山港主通道 5 标

■ 泥浆浓缩机罐

■ 泥浆分离机

■ 泥浆固化

■ 泥水分离场

中交第一公路工程局有限公司

质量

1.3 胎架胎具

Tread Frame Positioner

桩基

■桩基钢筋笼长线法整体制作定位胎架

鱼山大桥项目

曲面墩

■圆曲面墩钢筋骨架整体制作定位胎架

鱼山大桥项目

■曲面墩钢筋骨架可调节定位胎架

杭州湾跨海大桥杭甬高速连接线公路工程

（余夫公路至小曹娥互通段）第 2 合同段

立柱

■立柱钢筋骨架整体制作定位胎架

宁波舟山港主通道工程 1 标

■半灌浆套筒底口采用法兰盘定位

■半灌浆套筒上口采用卡槽定位

盖梁

■盖梁钢筋骨架整体制作定位胎架

台州湾大桥及接线工程 TS10 标

■预应力盖梁钢筋骨架整体制作定位胎架

宁波舟山港主通道工程 1 标

支座垫石

■支座垫石钢筋整体制作定位胎架

台州湾大桥及接线工程 TS13 标

挡块

■挡块钢筋整体制作定位胎架

台州湾大桥及接线工程 TS13 标

T 梁

■ T 梁顶板钢筋定位胎架

杭绍台高速公路工程绍兴金华段第 HST TJ03 标

16mm
14mm

■钢筋梳形卡槽

■ T 梁肋板钢筋定位胎架

杭绍台高速公路工程绍兴金华段第 HST TJ03 标

■预应力管道定位筋制作胎架

申嘉湖西延 5 标

■通过检查钢筋半成品能否直接放入卡具内，快速判定钢筋半成品的加工质量。

乐清湾大桥及接线工程 YS04 标

■齿块钢筋整体定位胎架

宁波舟山港主通道工程 1 标

■可移动定位小车预埋桥面钢筋，将预埋钢筋放入卡槽内即可。

长深高速（G25）建德至金华段 TJ4 标

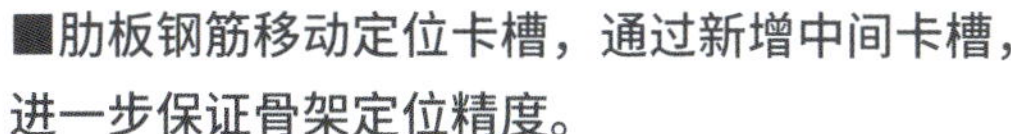

■肋板钢筋移动定位卡槽，通过新增中间卡槽，进一步保证骨架定位精度。

杭绍台高速公路工程绍兴金华段第 HST TJ03 标

小箱梁

■小箱梁钢筋骨架定位成型胎架

■小箱梁骨架片定位胎具

■小箱梁骨架片制作

护栏

■预埋钢筋下料限位卡具

乐清湾大桥及接线工程 YS04 标

■预埋钢筋半成品通过卡具检验

乐清湾大桥及接线工程 YS04 标

■护栏预埋钢筋半成品单元化制作定位胎架

乐清湾大桥及接线工程 YS04 标

质量

1.4 技术工艺

Technological Process

原材料、半成品

■原材料分类堆放。通过喷绘不同颜色标识检验状态。

G25 富阳至 G60 诸暨高速联络线工程（EPC 项目）

■半成品分类存放，检验标识。

■**半成品标准化配送**

台州湾大桥及接线工程 TS01 标

■**钢筋丝头带帽保护，采用分层存放。**

长深高速（G25）建德至金华段 TJ5 标

■**机械连接标准件。通过设置钢筋接头机械连接标准件，用于识别、检验钢筋接头的加工质量；通过丈量两接头的黄色长度判定钢筋接头的紧密度。**

宁波舟山港主通道工程 1 标

就地浇筑——桩基础

■钢筋笼标准件，直观明确主筋和螺旋筋间距、断面接头面积等质量控制要求。

鱼山大桥项目

■钢筋笼对接套筒，保证相邻两段钢筋笼对接紧密。

杭绍台高速公路工程绍兴金华段 TJ03 标

■桩头钢筋保护套，有效避免凿桩对钢筋的损伤，快速完成桩头凿除。

杭州绕城西复线杭绍段 TJ05 标

■钢筋笼安装。吊点采用专用吊具，平台处采用专用底盘临时固定，保证钢筋笼安装质量。

鱼山大桥项目

■专用吊具和固定底盘

■钢筋笼采用支撑架现场堆放。

长深高速浙江省湖州段扩容工程第 KTJ02 标

■钢筋笼定位吊具。钢筋笼下放到位后采用专用吊具定位于永久钢护筒。

鱼山大桥项目

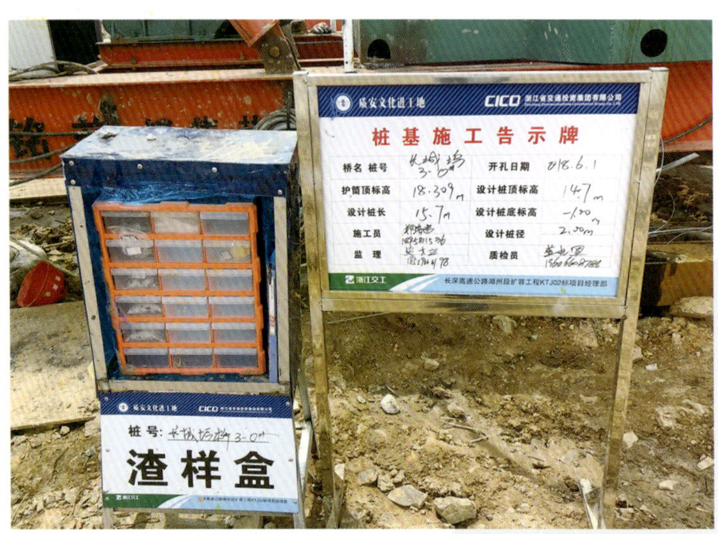

■桩基渣样留存

长深高速浙江省湖州段扩容工程第 KTJ02 标

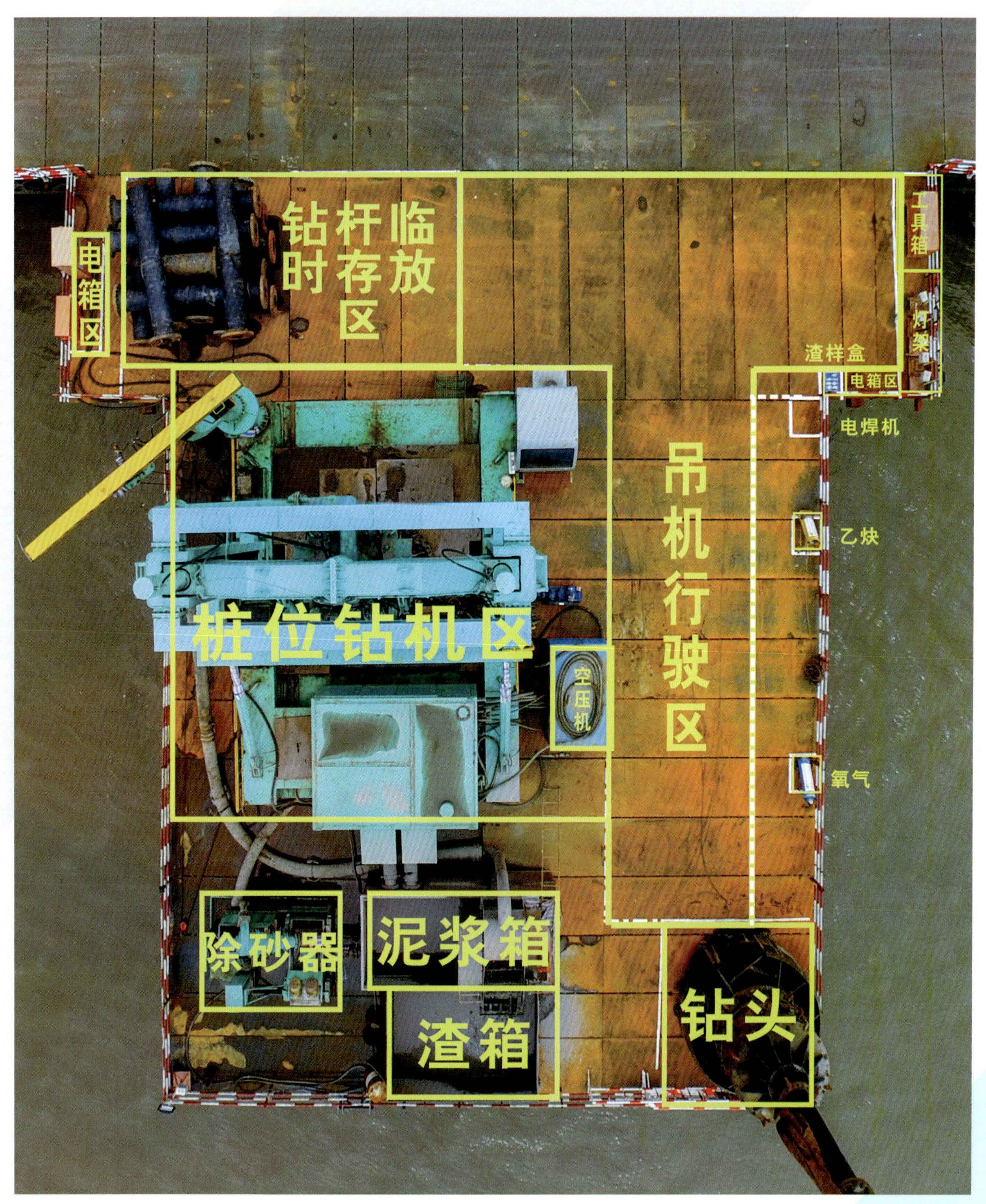

■施工现场合理划分作业区域，实现“工点工厂化”施工要求，提升标准化施工水平。

鱼山大桥项目

质量

就地浇筑——立柱

■加强圈检验

长深高速浙江省湖州段扩容工程第 KTJ02 标

■钢筋笼安装后采用线锤定位中心和检验垂直度

长深高速浙江省湖州段扩容工程第 KTJ02 标

■立柱混凝土浇筑

长深高速浙江省湖州段扩容工程第 KTJ02 标

■立柱一体化自动喷淋养生

G25 德清至 G60 桐乡高速联络线湖州段工程联络线第 LTJ02 标

■悬臂钢木组合模板，具有自重轻，施工操作便捷等优点。

长深高速（G25）建德至金华段 TJ2 标

就地浇筑——盖梁

■盖梁钢筋骨架整体绑扎成型

■箍筋间距卡槽校验

G25德清至G60桐乡高速联络线湖州段工程联络线第 LTJ02 标

■骨架侧向对齐定位

■骨架片水平间距定位

■水平筋间距定位

质量

长深高速浙江省湖州段扩容工程第 KTJ02 标

■盖梁钢筋骨架整体吊装

■少支点法盖梁混凝土浇筑

■盖梁混凝土养生布包裹自动喷淋养生

■墩柱盖梁一体化模板结构。盖梁采用无支架法施工，依托立柱模板为受力载体，解决了以往支架施工需要坚实基础、宽裕空间等不利条件。

杭州湾跨海大桥杭甬高速连接线公路工程（余夫公路至小曹娥互通段）第 2 合同段

就地浇筑——移动模架法现浇箱梁

甬台温高速复线灵昆一阁巷段2标

■现浇箱梁腹板钢筋采用定位胎架分段预制、安装

■内模节段吊装

■节段法内模安装

■移动模架法箱梁混凝土浇筑

质量

就地浇筑——混凝土护栏

甬台温高速复线灵昆一阁巷段 1 标

■预埋时，钢筋紧住内侧和上端限位板。

■护栏钢筋定位安装一体机

■护栏预埋钢筋定位小车

■首先根据桥面控制基准线将护栏钢筋定位台车就位，利用护栏钢筋定位加密车的四个水平调节器进行平面固定。

■然后采用护栏钢筋定位台车两侧的定型模具将此处钢筋按照设计图纸安装就位。

■最后用加密胎架对其内的护栏竖向钢筋和水平钢筋安装，有效控制护栏钢筋安装质量。

■护栏钢筋定位装置

杭绍台高速绍兴金华段 HST-TJ07 标

■护栏钢筋安装五线定位法

杭绍台高速绍兴金华段 HST-TJ07 标

■护栏多功能材料堆放架

甬台温高速复线灵昆一阁巷段 1 标

■护栏混凝土浇筑平台

杭绍台高速绍兴金华段 HST-TJ07 合同段

■护栏自动喷淋养生

■护栏养生布包裹滴水养生

质量

就地浇筑——桥面铺装

■钢筋网保护层厚度检验桁车

杭绍台高速公路工程绍兴金华段第 HST-TJ03 标段

根据桥面钢筋保护层设计厚度，调整升降杆，控制桁车检验板与钢筋网片的间距符合设计要求。在行走过程中，当检验板与钢筋网冲突时，提示钢筋保护层厚度不足，应及时调整。

■桥面混凝土桁车布料。通过桁车、料斗的移动，布料灵活、均匀。

台金高速东延段二期工程设计施工总承包项目

■桥面铺装激光桁架摊铺机

杭绍台高速绍兴金华段 HST-TJ07 合同段

■桥面现浇调平层驾驶式抹光机

甬台温高速复线灵昆—阁巷段 7 标

■桥面混凝土自动拉毛

申嘉湖高速湖州鹿山至安吉孝源段第 5 合同段

■桥面混凝土全覆盖喷淋系统养生

甬台温高速复线灵昆—阁巷段 7 标

就地浇筑——塔柱 & 锚碇

温州瓯江北口大桥工程项目土建 2 标

■雾炮机原材降温

■制冰机加冰降温

■冷却水管埋设

■弯管器

■混凝土侧面包裹保湿养生膜

■混凝土顶面覆盖玻璃棉保温

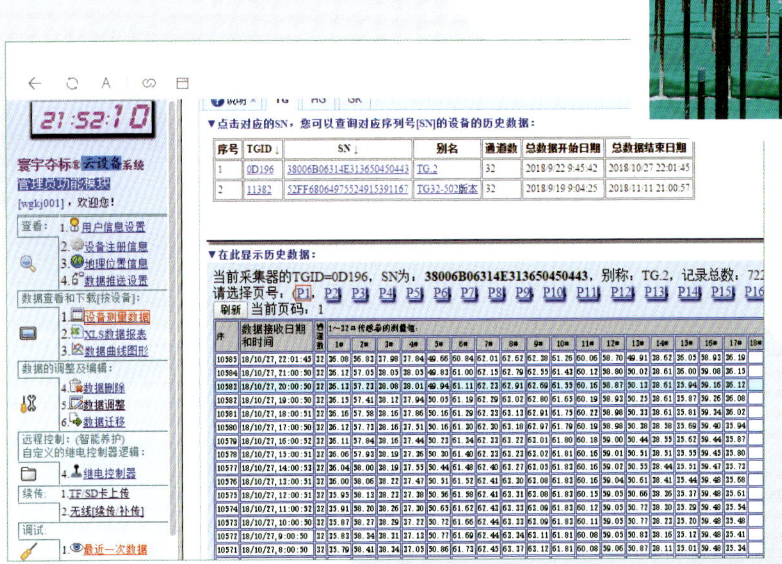

■温控数据实时监控示意图

质量

■塔柱主筋采用胎具定位安装

■塔柱水平筋采用胎具定位安装

■塔柱横梁钢筋整体安装

温州瓯江北口大桥工程项目土建 2 标

甬台温高速公路复线灵昆—阁巷段 9 标

■塔柱采用无内穿拉杆液压爬模。消除拉杆孔对混凝土耐久性的不利影响，保证索塔钢筋混凝土耐久性及外形美观。

■桁片转角加强对拉

■无拉杆模板桁片设计

■塔柱每节段顶部采用自动喷淋养生

甬台温高速公路复线灵昆—阁巷段 9 标

■每节段塔身采用防风板包裹养生

甬台温高速公路复线灵昆—阁巷段 9 标

■预埋孔修复

温州瓯江北口大桥工程项目土建 2 标

■修复后自动打磨

温州瓯江北口大桥工程项目土建 2 标

预制安装——立柱盖梁

宁波舟山港主通道工程1标

■预制立柱钢筋骨架吊装入模

■钢筋骨架安装入模后，模板翻正。

■混凝土浇筑

■立柱混凝土全包裹、自动喷淋养生。

质量

■一体化架桥机安装立柱。一体化架桥机是集立柱、盖梁和 T 梁为一体的专用架桥机。

■定位架。系梁或承台施工时预埋立柱连接钢筋，立柱安装时，校核两柱的相对安装尺寸。

■安装立柱时，采用定位牛腿、挡浆模板和限位件控制安装质量。

■半灌浆连接套筒压浆切割验证

■压浆工艺试验

■半灌浆连接套筒压浆

■检验台。盖梁出场前，对混凝土交界面凿毛，检验结构尺寸和半灌浆套筒预埋精度等。

■一体化架桥机安装盖梁

预制安装——T 梁

■磨光机打磨

杭绍台高速公路工程绍兴金华段第 HST TJ03 标

■采用机器人焊接钢筋半成品。

宁波舟山港主通道工程 1 标

■钢筋绑扎标准件。通过示范，明确钢筋绑扎和钢筋保护层垫块布置等质量控制要求。

宁波舟山港主通道工程 1 标

■模板安装。采用千斤顶支撑模板，千斤顶安装到位后应及时锁紧。

杭绍台高速公路工程绍兴金华段第 HST TJ03 标

■混凝土采用布料小车辅助入模。

杭绍台高速公路工程绍兴金华段第 HST TJ03 标

质量

■梁板混凝土保温保湿智能养生通过棚内传感器自动采集温湿度数据，自动控制喷淋。

杭绍台高速公路工程绍兴金华段第 HST TJ03 标

■全封闭智能喷淋养生系统

■全封闭智能养生系统主界面

■预应力束整体穿孔，有效解决钢绞线缠绕损失预应力的问题。

台州湾大桥及接线工程 TS11 标

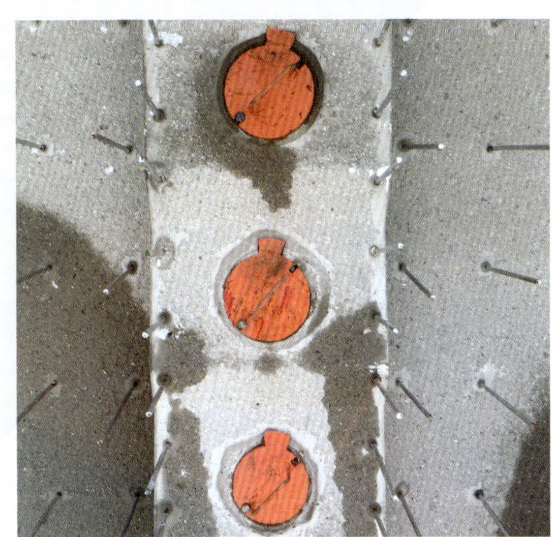

■预应力管道挡块。避免杂物、水进入孔道。

宁波舟山港主通道工程 1 标

■钢绞线张拉前外露段保护。

杭绍台高速公路工程绍兴金华段第 HST TJ03 标

■预应力智能张拉

杭绍台高速公路工程绍兴金华段第 HST TJ03 标

■预应力智能压浆

杭绍台高速公路工程绍兴金华段第 HST TJ03 标

■混凝土气动凿毛

杭绍台高速公路工程绍兴金华段第 HST TJ03 标

■外露钢筋防锈处理

宁波舟山港主通道工程 1 标

■梁板出场前再次检验梁长、梁高等质量检查项目。

杭绍台高速公路工程绍兴金华段第 HST TJ03 标

■橡胶板支垫存放梁板，避免棱角破损。

杭绍台高速公路工程绍兴金华段第 HST TJ03 标

■湿接缝混凝土浇筑小车。有效提高湿接缝混凝土质量，保证浇筑时放料均匀，避免污染梁板顶面。

■T 梁切割检验钢筋安装、混凝土、预应力筋定位、压浆饱满度等质量指标。

乐清湾大桥及接线工程 YS04 标

质量

预制安装——小箱梁

■预制台座

采用工字钢结合槽钢制作的空心台座，在台座内设置高频振动器，提高空心板底板密实度，提升梁板浇筑质量。

■高频振动器

■小箱梁液压内模

甬台温高速公路复线灵昆一阁巷段3标

■可行走式液压外模。有效解决模板频繁吊装工作，减少整体模板拼缝，保证预制梁外观质量。

G25 德清至 G60 桐乡高速联络线湖州段工程联络线第 LTJ02 标

质量

预制安装——节段梁

鱼山大桥项目

■钢筋胎架法绑扎

■液压内模安装

■预埋件定位

■节段梁存放

■混凝土室内自动喷淋养生

■节段梁安装

质量

预制安装——整孔箱梁

■整孔预制箱梁钢筋整体绑扎、安装

■防尘处理，避免鞋上杂物掉入箱内。

宁波舟山港主通道 5 标

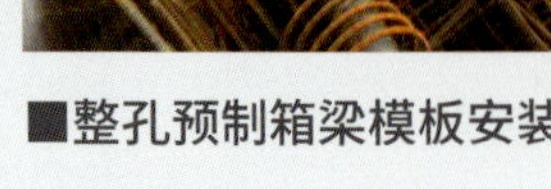

■整孔预制箱梁模板安装

杭州湾跨海大桥杭甬高速连接线公路工程
（余夫公路至小曹娥互通段）第 4 合同段

■自动提浆整平机。该设备集混凝土整平、振动提浆于一体，使混凝土平整密实，机械化程度高，可进行大面积摊铺作业。

■座驾抹光机。通过使用该设备能有效提高梁面混凝土表面的密实性及耐磨性。

■整孔预制箱梁移动式喷淋养生外露钢筋防锈、钢绞线包裹保护。

■整孔预制箱梁移位

■管道压浆试验

■锚圈口摩阻损失测试

杭州湾跨海大桥杭甬高速连接线公路工程
（余夫公路至小曹娥互通段）第 4 合同段

■整孔预制箱梁架设

预制安装——护栏

台金高速东延段二期工程设计施工总承包项目

■护栏钢筋绑扎

■护栏模板安装

■护栏节段法预制

■预制护栏采用固定架运输

■护栏安装。采用垂直度控制仪和限位件，控制护栏安装线形。

1.5 信息化应用

Application of Information Technology

工序信息化系统

①
登录界面示意图

②
功能界面示意图

浙江交工集团股份有限公司

利用互联网技术，通过工序质检 APP 系统，
完成工序检验网上审批流程。

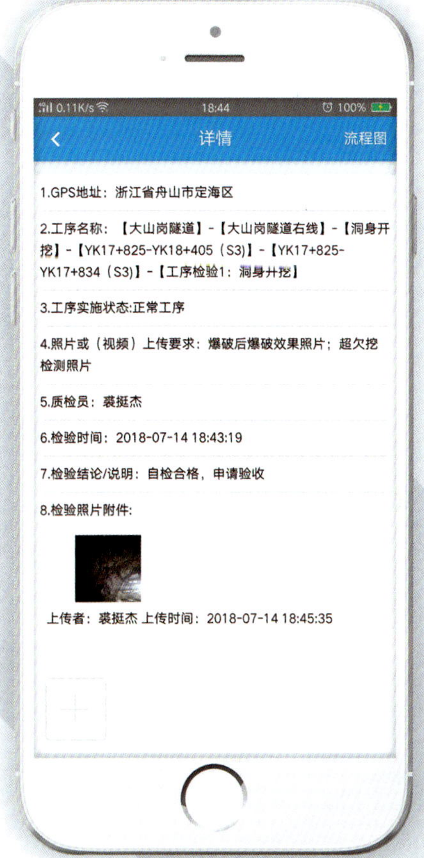

③
质检员申请工序审批示意图

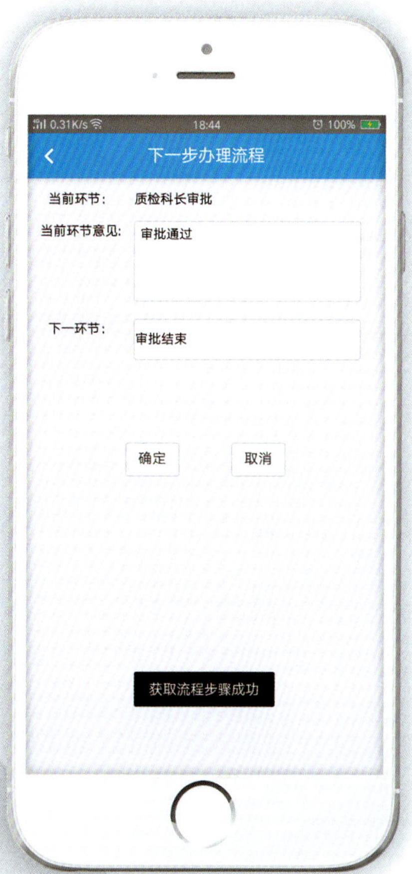

④
质检科长审核示意图

二维码应用

■二维码应用于半成品加工。

■二维码应用于施工质量控制，并制定成口袋书。

■二维码应用于成品信息标识。

BIM 技术

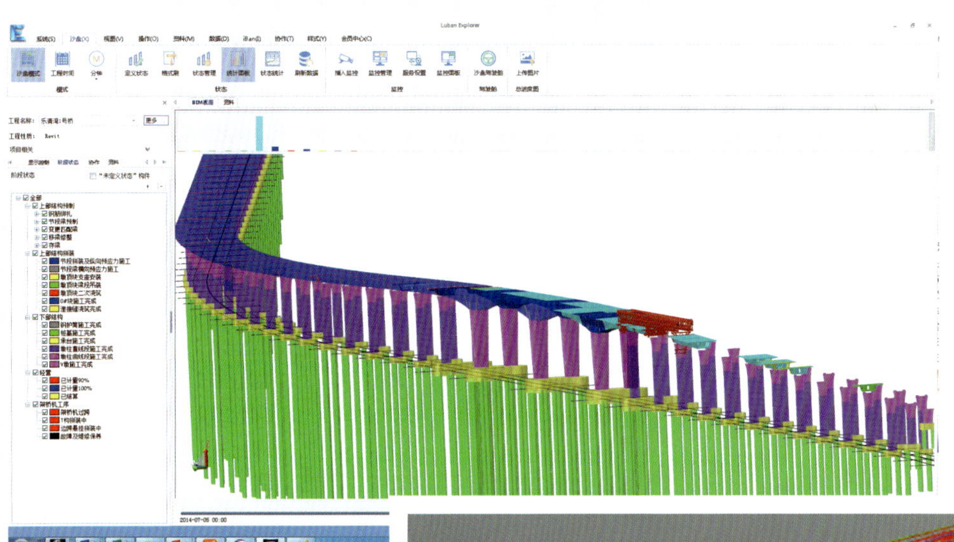

■ BIM 技术运用

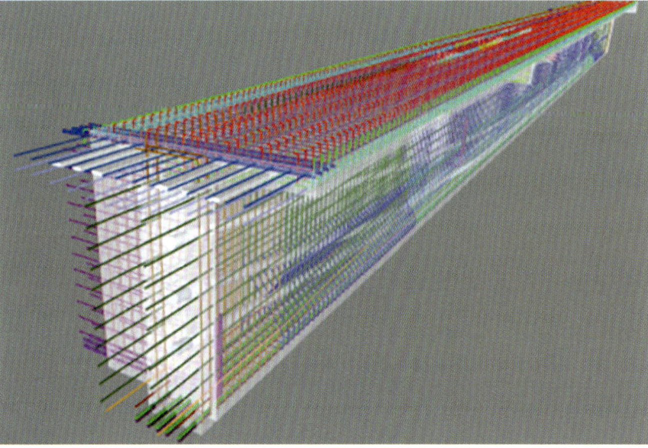

■ T 梁钢筋与预应力碰撞模拟试验

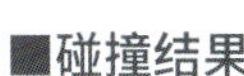

■碰撞结果

2 隧道工程

Tunnel Engineering

2.1 施工设备

Construction Equipment

■多臂智能凿岩机。有效解决传统隧道开挖超欠挖严重、锚杆角度偏差大、掌子面作业人员较多等问题。

■湿喷机械手。有效控制喷射角度、距离，降低回弹量及粉尘，提高初支表面平整度和密实度。

■自行式移动栈桥。配仰拱曲面模板，减少工序间施工干扰，有效保护仰拱，提升仰拱填充成品质量。

■多功能拱架台车。有效降低作业人员劳动强度，提高钢拱架安装精度。

■二衬预检台车。有效解决传统激光断面仪无法对初支断面全覆盖检测的问题。

■多功能防水作业台车。单次铺设门幅由常规 2m 提高到 6m，减少了接缝数量，显著提升防水效果。

杭绍台高速公路工程绍兴金华段第 HST TJ03 标

■新型二衬台车。二衬混凝土采用逐窗入模，保证台车同步分层对称浇筑，有效解决常规二衬台车施工导致的混凝土外观质量通病。

■二衬养生台车。通过智能感应装置，实现自动行走，并对二衬混凝土进行全环喷淋养生。

■电缆沟槽台车。采用整体钢模板，有效保证了电缆槽线形、尺寸、平整度等质量。

2.2 场站建设 Station Construction

■隧道洞口布置示例 1

■隧道洞口布置示例 2

2.3 技术工艺

Technological Process

■自行改装锚杆打设机

乐清湾大桥及接线工程 YS04 标

■轻型锚杆搭设机

乐清湾大桥及接线工程 YS02 标

支护与衬砌——锚杆注浆

乐清湾大桥及接线工程 YS02 标

■锚杆及排气管安装

■锚杆编号安装

■单向止回阀安装。通过设置单向止回阀，改进锚杆注浆工艺，有效解决锚杆注浆饱满度不足问题。

■锚杆压浆

质量

支护与衬砌——格栅拱架

杭州绕城西复线杭绍段 TJ01 标

■格栅拱架八字筋成型机

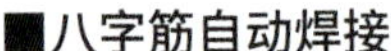

■八字筋自动焊接

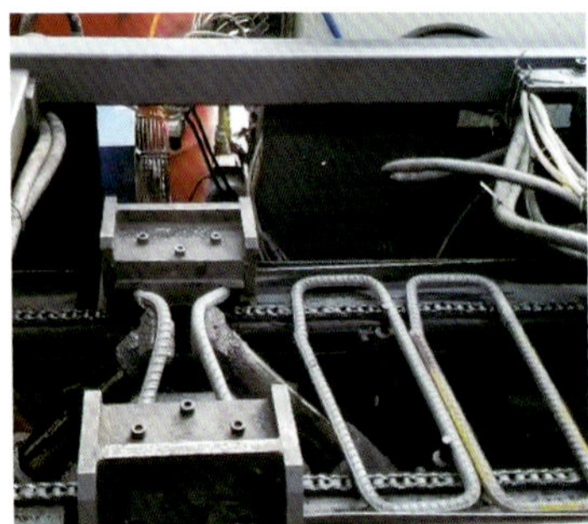

■八字筋自动定型

■八字筋钢筋下料

■格栅拱架胎架法制作

支护与衬砌——型钢拱架

G25 长深高速德清至富阳段扩容杭州段 6 标

■液压式剪板机。采用剪板机切割的连接板，无需人工修边，与气割相比显著提高功效和质量。

■冲孔机。每次四个孔一次冲击完成，有效保证孔眼加工精度。

■拱架连接钢板胎具定位安装

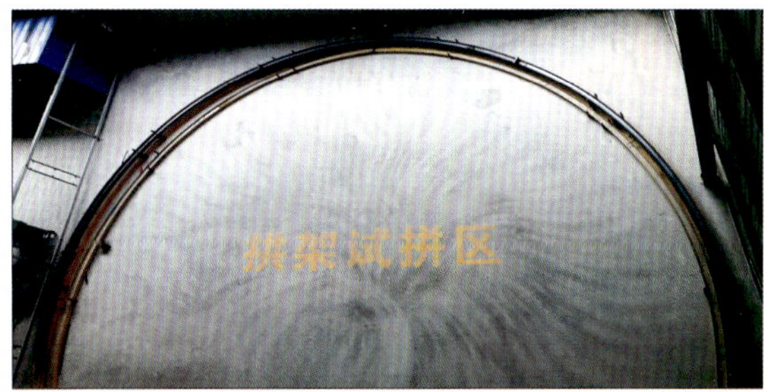

■拱架试拼。拱架各单元加工完成后进行试拼装，并检查弧长、弦长、连接质量等主要控制指标，符合设计要求后开始批量生产。

杭绍台高速公路工程绍兴金华段第 HST TJ03 标

■新型拱架安装机

杭州绕城西复线杭绍段 TJ01 标

支护与衬砌——仰拱

■仰拱调平层振动梁振捣整平

杭绍台高速公路工程绍兴金华段第 HST TJ07 标

支护与衬砌——衬砌钢筋

■衬砌预埋钢筋采用套管保护

329 国道舟山改建段 3 标

支护与衬砌——模筑混凝土衬砌

杭绍台高速公路工程绍兴金华段第 HST TJ03 标

■带模注浆

■逐窗入模

■布料系统

支护与衬砌——防水和排水

杭绍台高速公路工程绍兴金华段第 HST TJ03 标

■环向排水管超前挂设

■纵、环向排水管采用土工布包裹、三通管连接

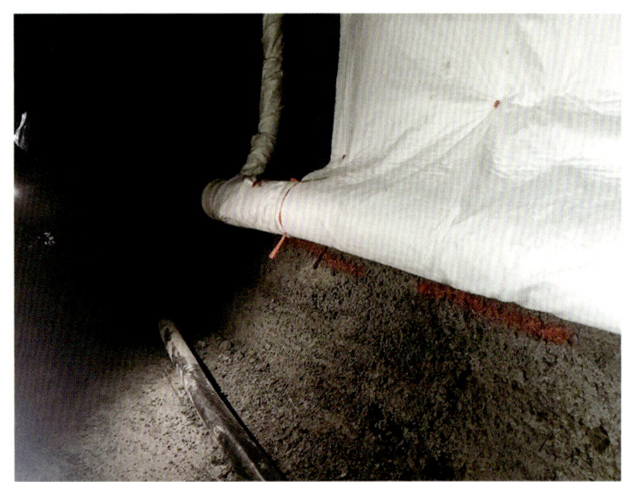

■土工布反向包裹

■红外线激光定位、防水板垫衬安装

■防水板铺设

■超声波热熔焊接

■爬焊机焊接拼缝

质量

2.4 信息化应用

Application of Information Technology

隧道工程测量和岩土监测一体化分析系统

该系统是集隧道断面复测、收敛监测、沉降观测于一体的信息化系统，具有全面、快速采集，自动分析的优点。

G25 长深高速德清至富阳段扩容杭州段 1 标

■ 3D 成像扫描系统

■扫描仪

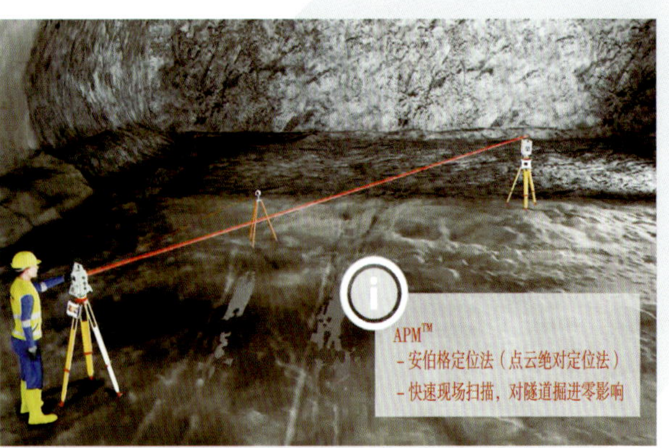

■测量定位

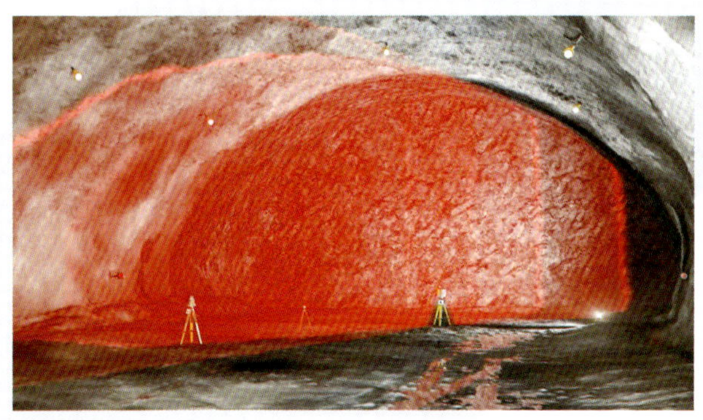

■超欠挖 3D 扫描

■二衬预检 3D 扫描

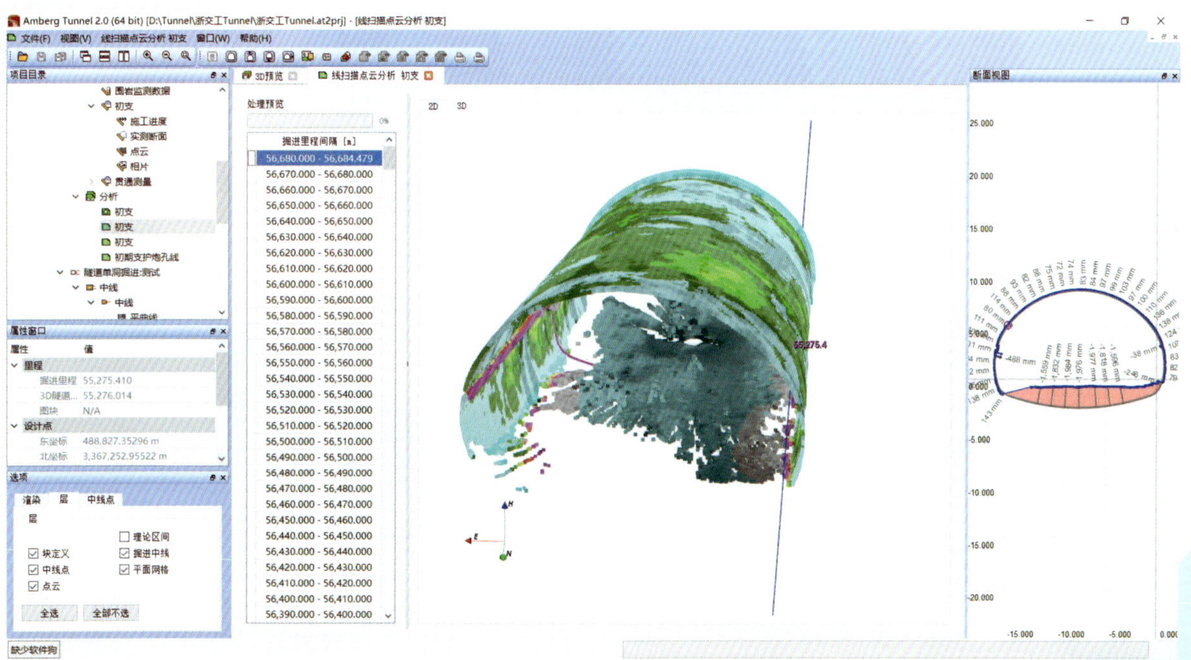

■终端数据处理、分析示意图

3 路基工程

Subgrade Engineering

3.1 施工设备

Construction Equipment

■三钢轮静碾压路机

钱江通道及接线工程北接线 PPP 项目

■移动破碎机

台州湾大桥及接线工程

■平地机

钱江通道及接线工程北接线 PPP 项目

■土体固化机

G25 德清至 G60 桐乡高速联络线湖州段工程联络线第 LIJ02 标

■羊足碾压路机

钱江通道及接线工程北接线 PPP 项目

■小型夯实机。通过对台背回填、沉降观测点等边部填料进行补强夯实，确保压实度。

三门湾大桥及接线工程 TJ9 标

■高速液压夯实机

G25 富阳至 G60 诸暨高速联络线工程

（EPC 项目）

■挖掘机液压夯实机

G25 富阳至 G60 诸暨高速联络线工程

（EPC 项目）

■路基边沟滑模成型机

乐清湾大桥及接线工程 YS01 标

质量

3.2 技术工艺

Technological Process

■路基填筑前打方格、边线桩放样

长春至深圳高速（G25）建德至金华段 TJ4 标

■边部采用挂线控制松铺厚度

三门湾大桥及接线工程 TJ9 标

■挡水埂

■急流槽

■塑料排水板放样打设

钱江通道及接线工程北接线 PPP 项目

■塑料排水板打入深度标识，铜线用于测量塑排板打入深度。

钱江通道及接线工程北接线 PPP 项目

■路基沉降观测桩及标志

甬台温高速复线灵昆一阁巷段 7 标

质量

涵洞预制、安装

③ 拱涵混凝土喷淋养生

② 拱涵钢筋卡槽定位

① 拱涵钢筋胎架法绑扎

④ 拱涵安装效果

⑤ 箱涵钢筋胎架法绑扎

⑥ 箱涵钢筋胎具定位

■涵洞预制中心

⑦ 箱涵场内试拼

质量

小构预制、安装

③ 脱模器
G25富阳至G60诸暨高速联络线工程

② 六角块高度控制卡具
G25 富阳至 G60 诸暨高速联络线工程

① 混凝土螺旋布料
杭绍台高速公路工程绍兴金华段3标

④ 六角块打包存放
杭绍台高速公路工程绍兴金华段 3 标

⑤ 六角块安装效果
杭绍台高速公路工程绍兴金华段 3 标

■小型构件预制厂
杭绍台高速公路工程绍兴金华段 3 标

⑥ 预制边沟安装线型控制
G25 富阳至 G60 诸暨高速联络线工程

⑦ 边沟安装成型
G25 富阳至 G60 诸暨高速联络线工程

质量

3.3 信息化应用

Application of Information Technology

水泥搅拌桩实时监控系统

■水泥搅拌桩放样打设

钱江通道及接线工程北接线 PPP 项目

该系统具备数据自动采集、无线上传、存储归档、统计分析、预警监测等功能，与传统的数据记录仪相比，能实时监测施工过程中喷粉、喷浆的深度和水泥浆流量，保证水泥搅拌桩的施工质量。

■水泥搅拌桩施工监控

4 路面工程

Pavement Engineering

4.1 施工设备

Construction Equipment

■强力清扫车

台金高速东延段二期工程设计施工总承包项目

■沥青混合料运输车

龙浦高速公路 LP04 合同段

■车载式抛丸机

宁波交通工程建设集团有限公司

■沥青与集料同步洒布车

龙浦高速公路 LP04 合同段

■沥青路面全幅摊铺机

龙浦高速公路 LP04 合同段

质量

4.2 场站建设

Station Construction

室内拌和楼

卸料口烟气收集系统

全封闭集料仓

搅拌缸

■全封闭式沥青混凝土拌和站
浙江联程公路工程养护有限公司

沥青下料油气收集系统

冷料仓及粉尘收集系统

质量

浙江交工集团股份有限公司

■环保型沥青混凝土拌和站

■冷料仓除尘

■等离子除尘

■封闭式拌和楼

■封闭式溢料仓

■封闭式布袋除尘

质量

4.3 技术工艺

Technological Process

■水稳搅拌采用二次振动搅拌

义乌疏港高速公路工程项目

■水泥稳定碎石层边部立模

龙浦高速公路 LP04 合同段

■自行设计水泥净浆洒布车，多点均匀洒布。

龙浦高速公路 LP04 合同段

质量

■摊铺机螺旋布料器内保持混合料表面高于螺旋布料器 2/3 高度，实现螺旋叶片对物料进行二次搅拌，减少横向离析。

龙浦高速公路 LP04 合同段

■摊铺机前增加橡胶挡板。加设柔性挡板，减小竖向离析。

龙浦高速公路 LP04 合同段

■标尺标识压路机碾压时应重叠 1/2 轮宽。

申嘉湖高速公路 J10 标

■水泥稳定碎石层单侧洒水养生

龙浦高速公路 LP04 合同段

4.4 信息化应用

Application of Information Technology

运用“物联网”技术，将沥青混凝土路面施工过程中重点数据，如混合料配合比、拌和温度、摊铺温度、摊铺速度、摊铺环境因素等的自动采集、上传及分析，建立起工程质量数据库，从而更科学、有效地控制沥青混凝土施工质量。

■路面智能施工监控系统

义乌疏港高速公路工程项目

■摊铺温度实时监控

■压路机碾压速度实时监控

龙浦高速公路 LP04 合同段

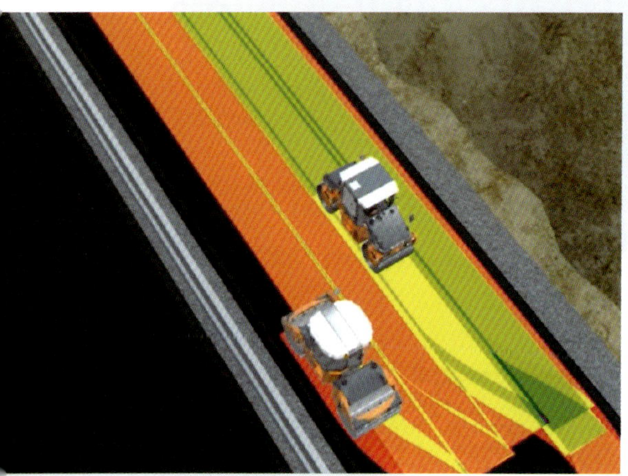
■压实实时导航图像

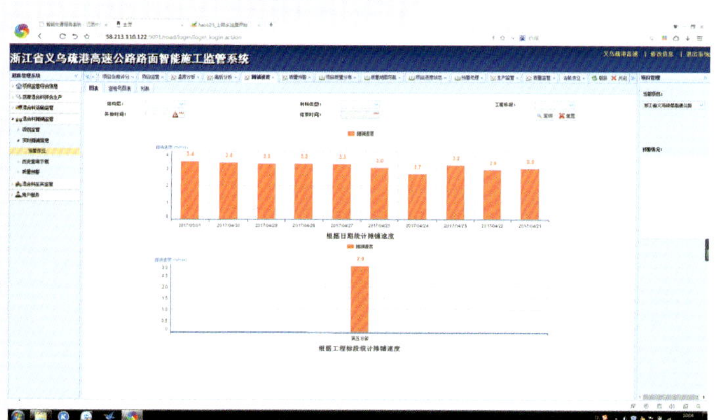

■摊铺速度数据采集

■摊铺温度数据采集

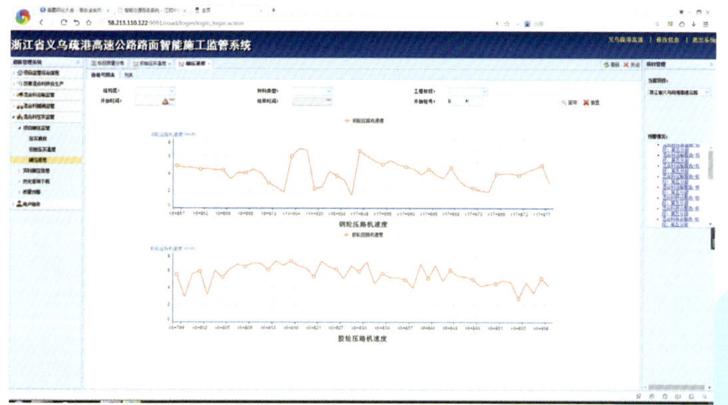

■碾压速度数据采集

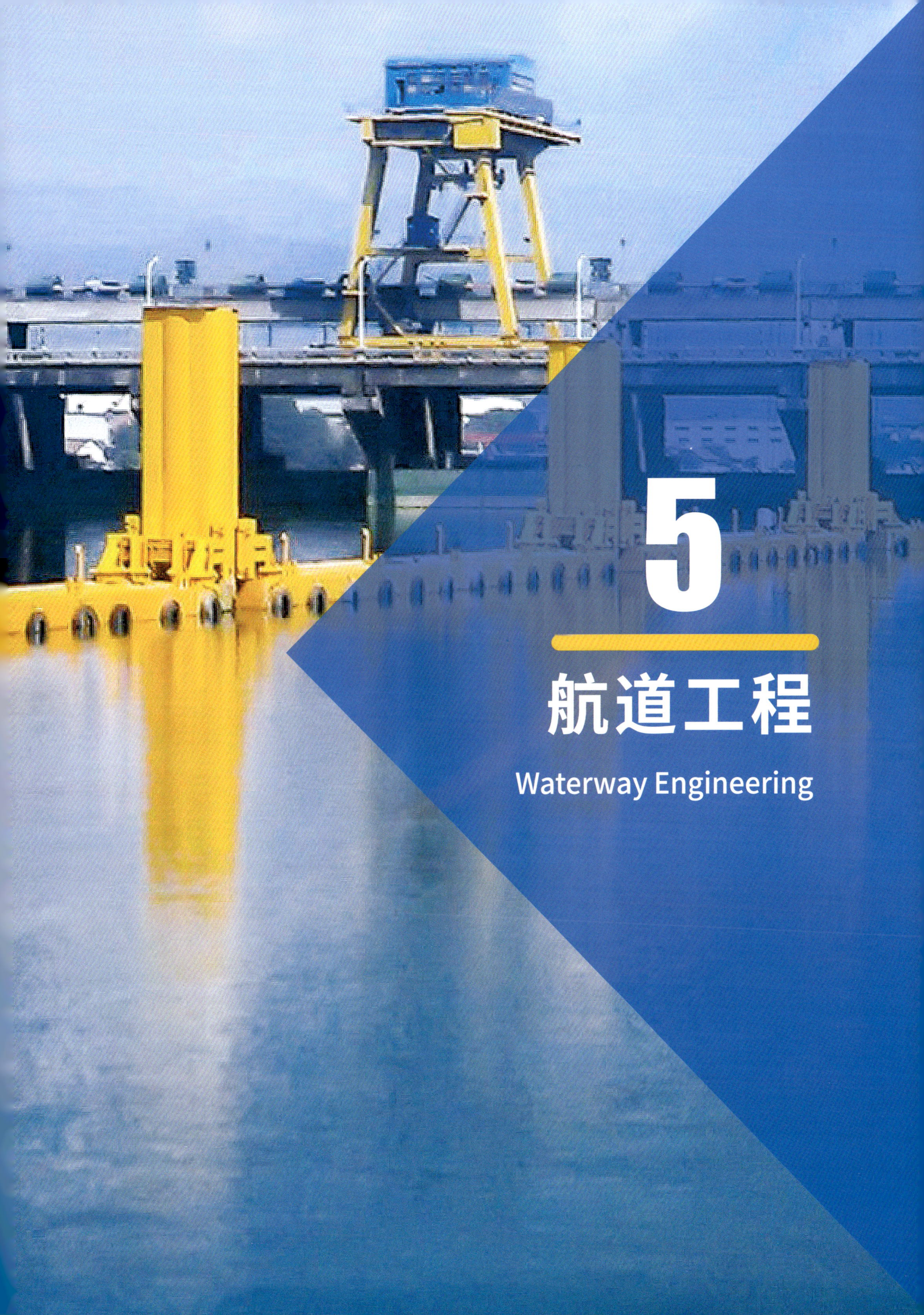

5

航道工程

Waterway Engineering

5.1 施工设备

Construction Equipment

■双排拉森钢板桩围堰

京杭运河（浙江段）三级航道整治工程（湖州段）TJ03 标

■ 08B 型圆筒生态护岸模板

■航道混凝土运泵一体船

5.2 技术工艺

Technological Process

京杭运河（浙江段）三级航道整治工程（湖州段）TJ03 标

■ U 形钢板桩

■钢筋混凝土板桩护岸

■ 08B 型圆筒生态护岸成品

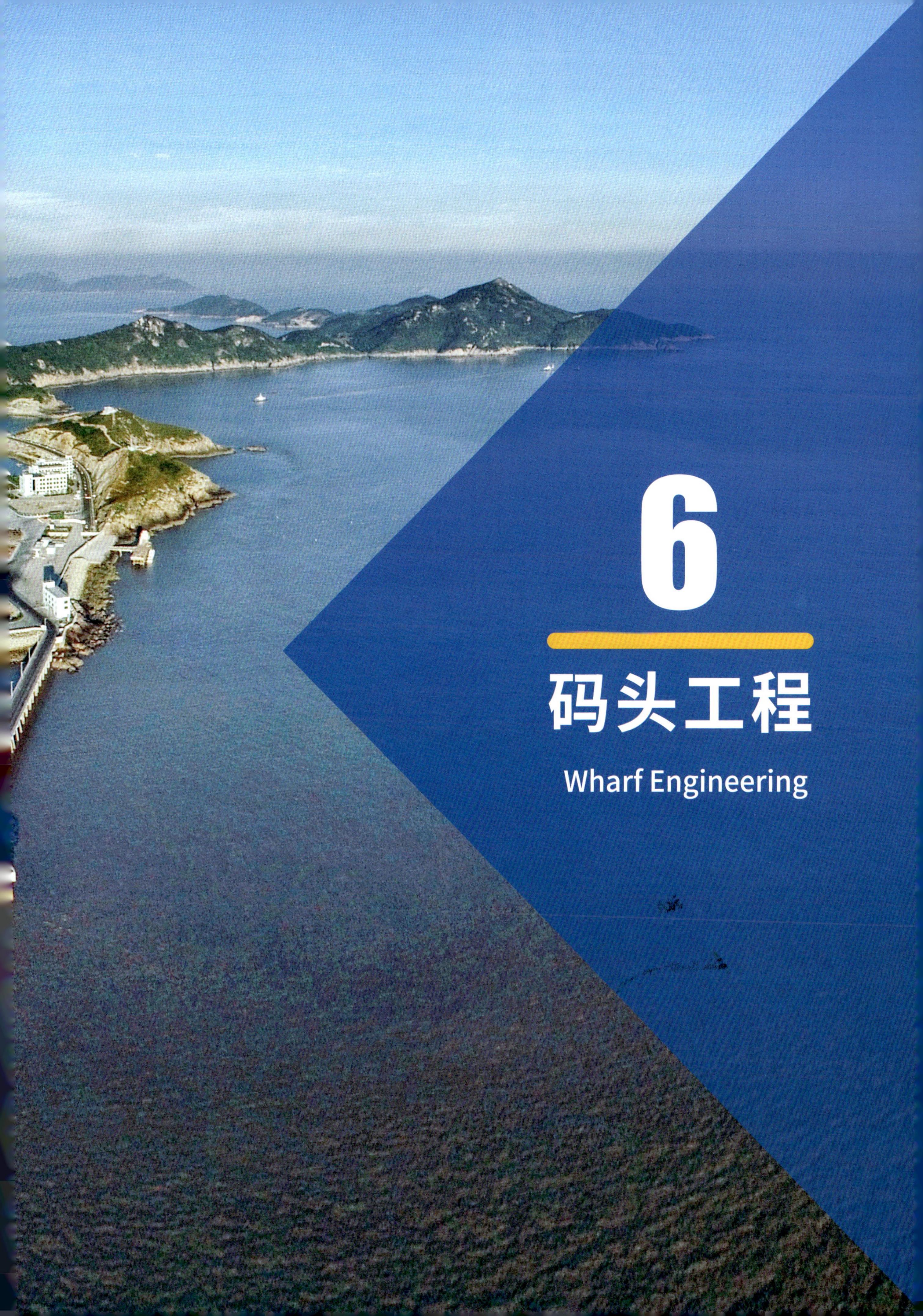

6

码头工程

Wharf Engineering

6.1 场站建设

Station Construction

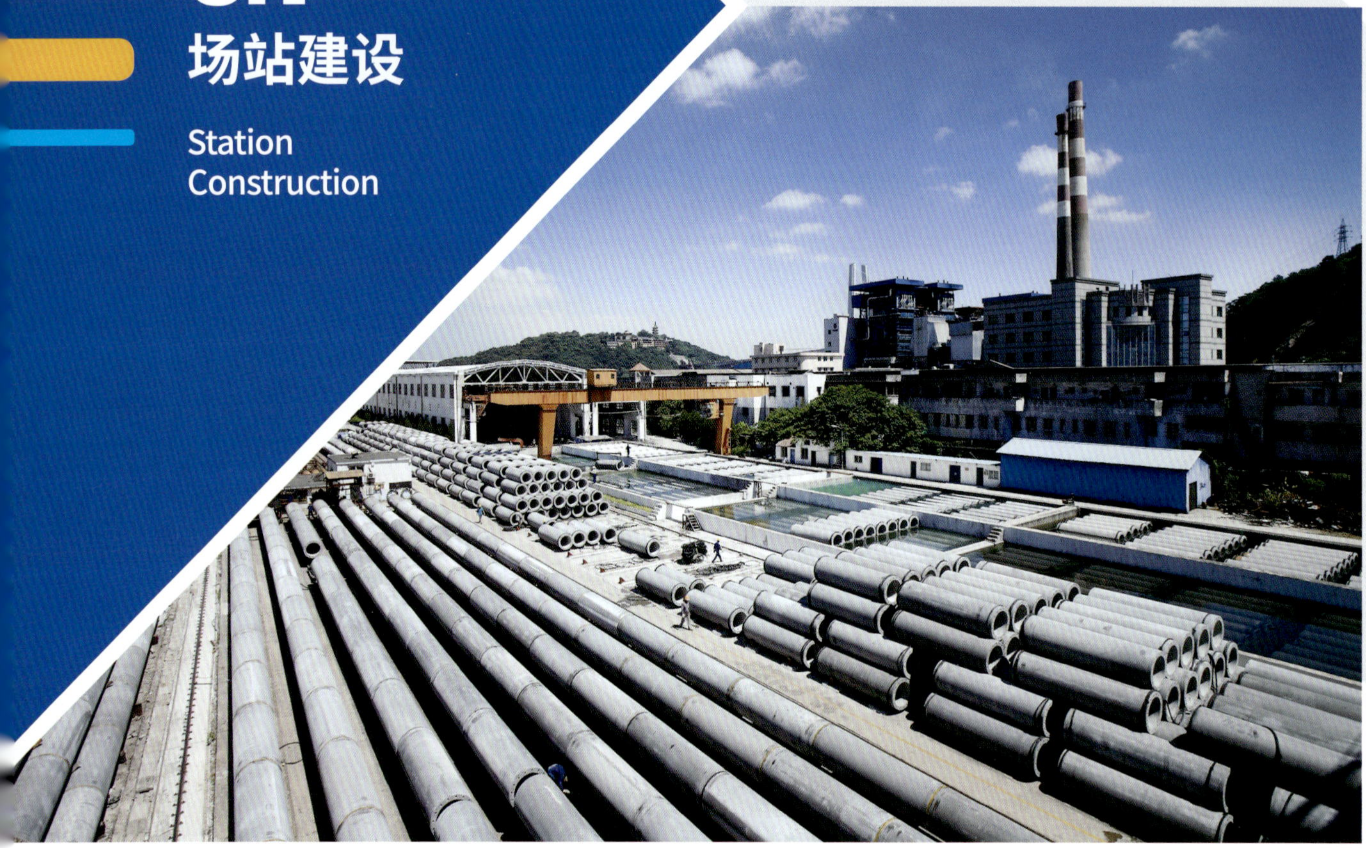

■大管桩预制中心

■大管桩预应力张拉

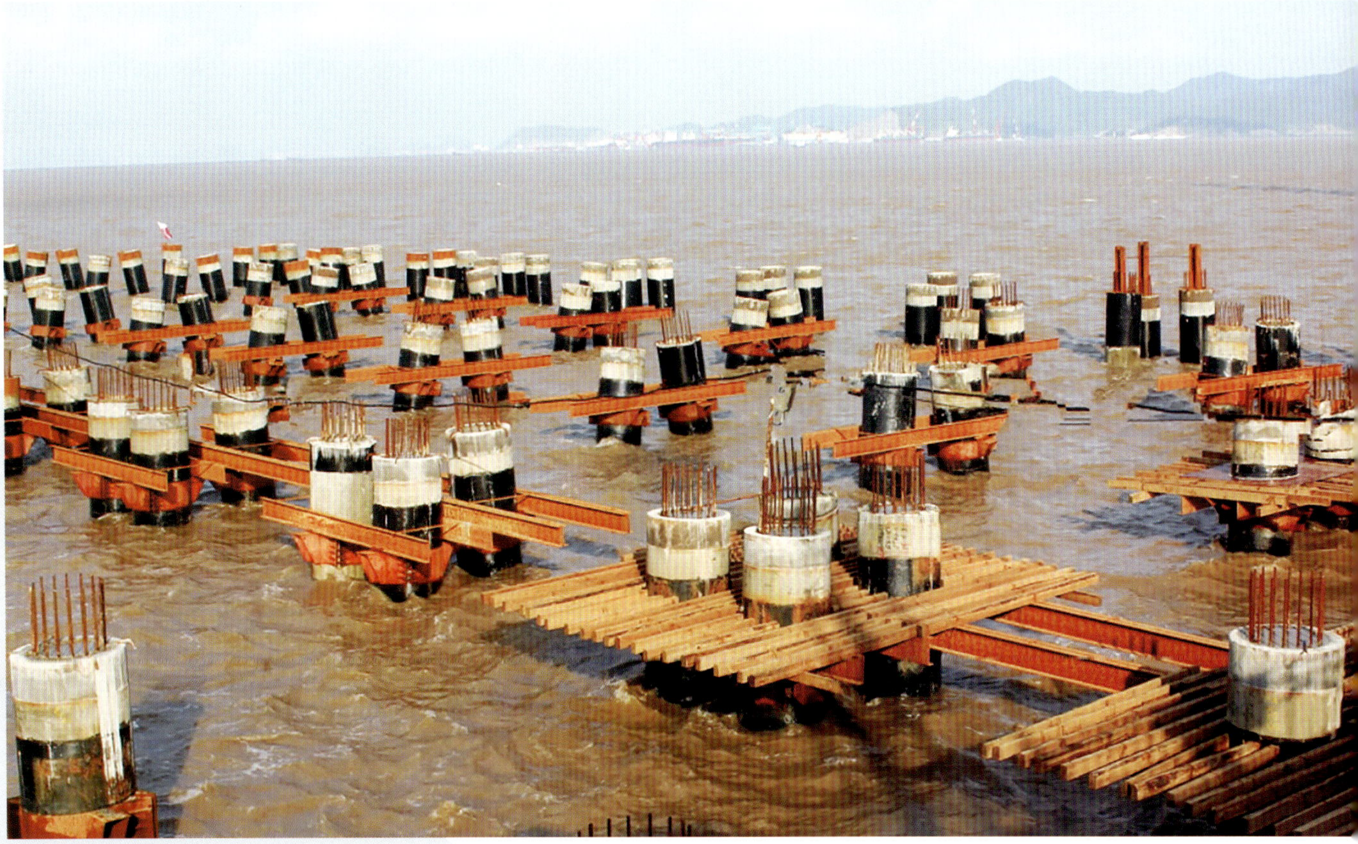

■钢围檩夹桩

■纵横梁钢筋采用卡槽定位绑扎

■纵横梁钢筋骨架胎架法绑扎

6.2 技术工艺

Technological Process

■吹填排泥

■陆域形成

■强夯

质量

宁波—舟山港梅山港区 6 号～ 10 号集装箱码头工程

■碎石清洗

■管桩桩节水养

■大管桩吊运

■沉桩 GPS 定位

■外露钢筋防锈处理

宁波—舟山港梅山港区 6 号～ 10 号集装箱码头工程

■纵横梁存放

■纵横梁安装

■预制混凝土构件水冲法凿毛

■面板安装

■面板分条分块现浇

■面板混凝土喷淋养生

QUALITY AND SAFETY MANAGEMENT ATLAS
OF TRAFFIC CONSTRUCTION WORKS IN ZHEJIANG PROVINCE

CHAPTER TWO 第二篇

Security

国内一流 省内领先
创浙江省EPC样板工程 创设计施工高度融合的品质工程
会展中心 培训中心 信息中心 文化中心 试验中心

7 驻场地建设

Construction of Site

7.1 项目部

Project Department

■台州湾大桥及接线工程 TS10 标

■台州湾大桥及接线工程 PPP2 标

■长春至深圳高速公路（G25）浙江建德至金华段工程 TJ4 标

■ 329 国道舟山段改建工程施工第 3 标段

7.2 职工宿舍

Worker Quarters

■工人宿舍

温州瓯江北口大桥工程 BKTJ-02 标

■工会夫妻房

温州瓯江北口大桥工程 BKTJ-02 标

■社区化管理

温州瓯江北口大桥工程 BKTJ-02 标

7.3 食堂

Canteen

■温州瓯江北口大桥工程 BKTJ-02 标

■长春至深圳高速公路（G25）浙江建德至金华段工程 TJ4 标

■长春至深圳高速公路（G25）浙江建德至金华段工程 TJ4 标

■杭州绕城高速公路西复线杭绍段工程扩容杭州段工程 TJ03 标

7.4 员工活动中心

Activity Center

■宁波舟山港主通道项目第 DSSG05 标

■温州瓯江北口大桥工程 BKTJ-02 标

7.5 消防设施

Fire Facilities

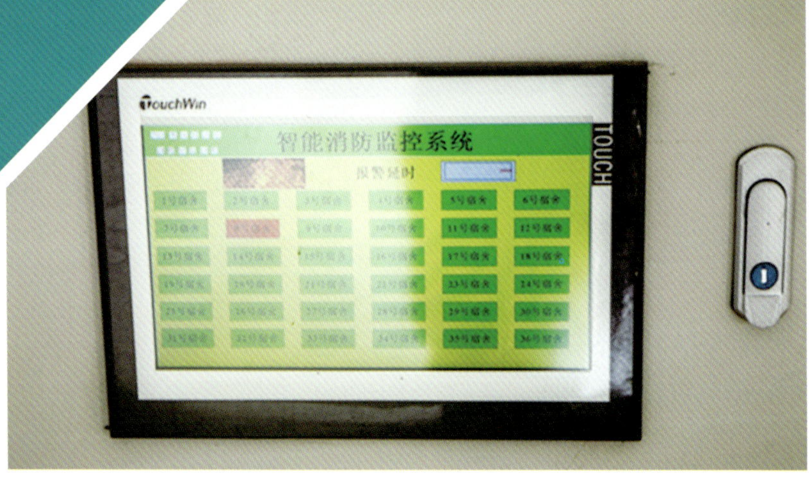

■智能消防监控系统

台州湾大桥及接线工程 LM1 标

■台州湾大桥及接线工程 PPP2 标

■义乌疏港高速公路工程项目

■杭绍台高速公路工程绍兴金华段工程第 HST-TJ03 标

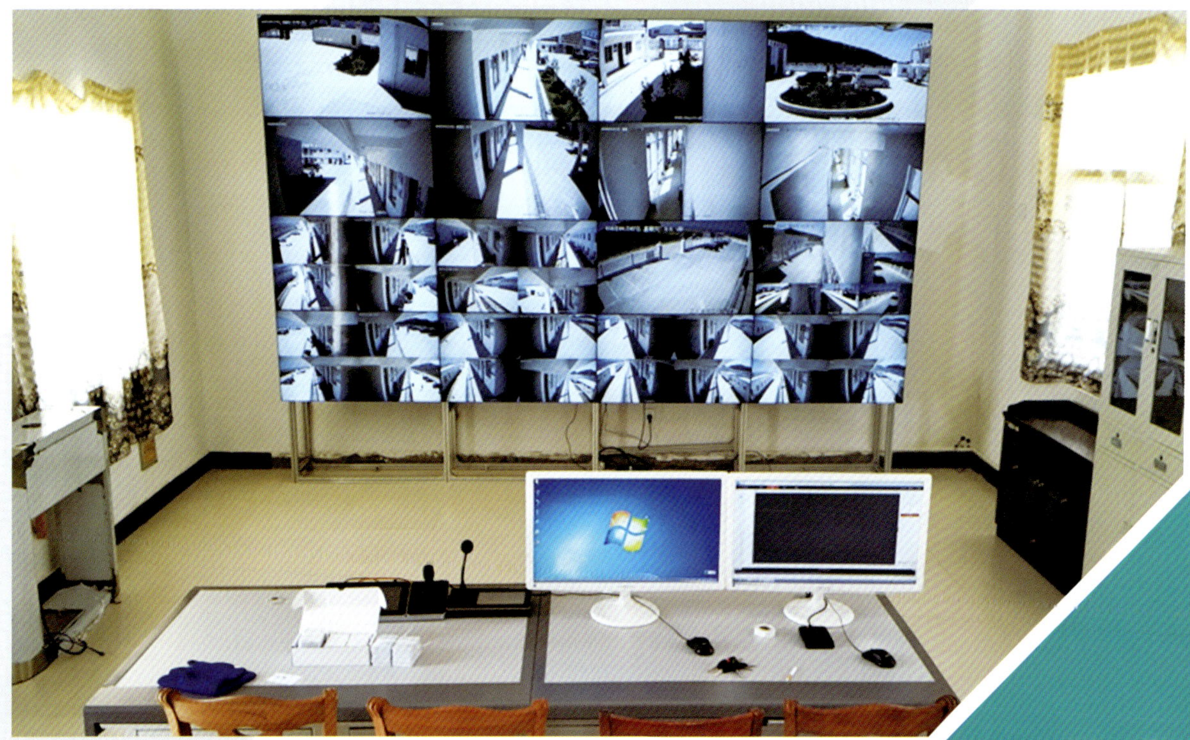

■宁波舟山港主通道项目第 DSSG05 标

7.6 视频监控

Video Surveillance

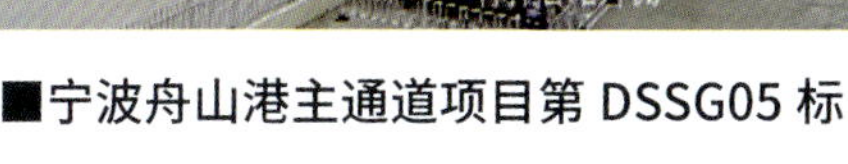

■宁波舟山港主通道项目第 DSSG05 标

7.7 拌和站

Mixing Stations

■乐清湾大桥及接线工程 YS2 标

■采用封闭式管理

杭州绕城高速公路西复线杭绍段工程扩容杭州段工程 TJ07 标

■义乌疏港高速公路工程项目

7.8 三级循环池

Three-Level Circulatory Pool

■ G25 德清至 G60 桐乡高速联络线湖州段工程 LTJ01 标

7.9

车辆喷淋设施

Vehicle Sprinkler Equipment

■义乌疏港高速公路工程项目

■义乌疏港高速公路工程项目

■义乌疏港高速公路工程项目

7.10 车辆停放（指定区域）

Vehicle Parking

■宁波舟山港主通道项目第 DSSG05 标

7.11 钢筋加工厂

Steel Production Site

■乐清湾大桥及接线工程 YS5 标

■长春至深圳高速公路（G25）浙江建德至金华段工程 TJ5 标。桁车检修平台应设置临边防护及全封闭围挡，平台应有足够的承载力。

7.12 桁车检修平台

Joist Barrow Repair Platform

7.13 预制场

Fabrication Yard

■台州湾大桥及接线工程 TS10 标

■鱼山大桥预制场

■鱼山大桥预制场全景

■预制梁上下爬梯

台州湾大桥及接线工程 TS10 标

■ T 梁支撑

杭绍台高速公路工程绍兴金华段第 HST TJ03 标段

■ T 梁支撑

义乌疏港高速公路工程项目

■张拉挡板

杭绍台高速公路工程绍兴金华段第 HST TJ03 标段

■张拉挡板

宁波舟山港主通道项目第 DSSG01 标

■安全巡逻车

鱼山大桥项目部

高压
质安文化进工地
注意安全
配电箱
电箱标识牌
电箱等级
电箱编号
负责人
联系电话
用途
电箱状态

8

临时用电

Temporary Electricity

8.1 配电柜及变压器

Distribution Cabinet and Transformer

■乐清湾大桥及接线工程 YS4 标

■杭州绕城高速公路西复线杭绍段工程扩容杭州段工程 EPC 总部

■乐清湾大桥及接线工程 YS5 标

8.2 二级配电箱

Distribution Box

■台州湾大桥及接线工程 PPP2 标

■长春至深圳高速公路（G25）浙江建德至金华段工程 TJ5 标

■乐清湾大桥及接线工程 YS5 标

8.3 三级配电箱

Distribution Box

■台州湾大桥及接线工程 PPP2 标

■温州瓯江北口大桥工程 BKTJ-02 标

■鱼山大桥

8.4 过路线槽

Crossing Trough

■乐清湾大桥及接线工程 YS5 标

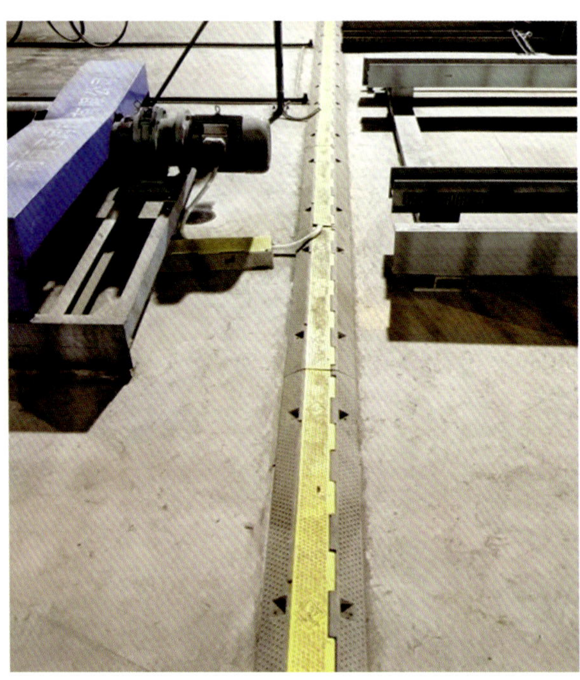

■温州瓯江北口大桥工程 BKTJ-02 标

8.5 栈桥线路架设

Trestle Line Erection

■乐清湾大桥及接线工程 YS5 标

■鱼山大桥项目部

■杭绍台高速公路工程绍兴金华段工程第 HST-TJ09 标

8.6 架梁处电缆线敷设

Frame Beam Cable Laying

8.7 隧道线路架设

Tunnel Line Erection

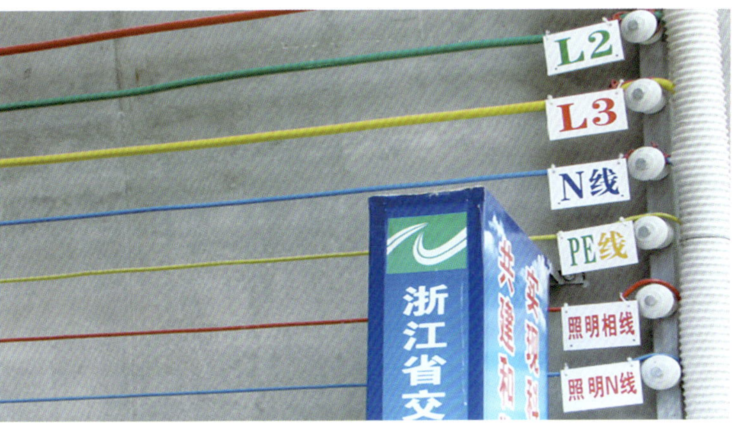

■义乌疏港高速公路工程项目

8.8 智慧用电

Smart Electricity

■杭州绕城高速公路西复线杭绍段工程扩容杭州段工程 TJ05 标

■温州瓯江北口大桥工程 BKTJ-03 标

■宁波舟山港主通道项目第 DSSG01 标

8.9 标准化用电设备

Standardized Electrical Equipment

■长春至深圳高速公路（G25）浙江建德至金华段工程 TJ3 标

严于执行
中国中铁
新运
严为安全之本

9 机械设备

Mechanical Equipment

9.1 氧气乙炔瓶

Oxygen and Acetylene Bottles

■存放

乐清湾大桥及接线工程 YS4 标

■存放

温州瓯江北口大桥工程 BKTJ-03 标

■运输

富翅门大桥 B 标

■吊运

台州湾大桥及接线工程 TS9 标

■吊运

富翅门大桥 B 标

9.2 电焊机防护

Welding Machine Protection

■长春至深圳高速公路（G25）浙江建德至金华段工程 TJ4 标

9.3 卷扬机防护

Winch Protection

■鱼山大桥

■杭绍台高速公路工程绍兴金华段第 HST-TJ03 标

9.4 压力容器围护

Pressure Vessel Enclosure

9.5 龙门吊

Gantry Crane

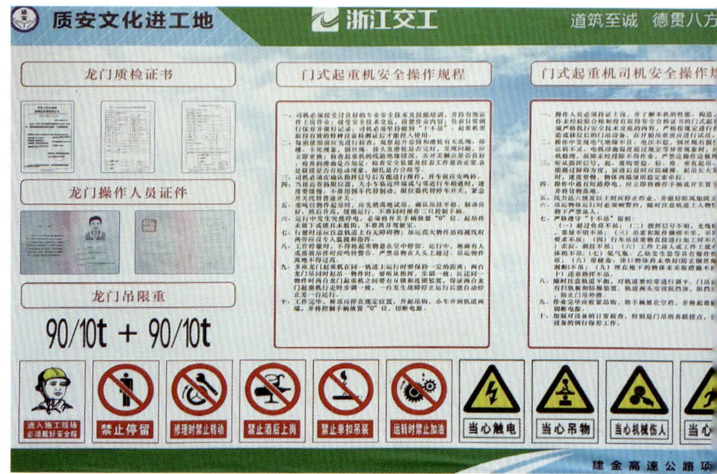

■龙门吊证书公示

长春至深圳高速公路（G25）浙江建德至金华段工程 TJ4 标

■龙门吊检修通道

鱼山大桥项目经理部

■龙门吊滑触线

杭绍台高速公路工程绍兴金华段第 HST-TJ03 标段

■龙门吊滑触线

长春至深圳高速公路（G25）浙江建德至金华段工程 TJ5 标

■**龙门吊液压夹轨器**

杭州湾北接线二期工程 1 标

■**龙门吊液压夹轨器**

三门湾大桥及接线工程宁波段 TJ6 标

■**龙门吊液压夹轨器**

富翅门大桥 B 标

中交一公局愿
浙江发展
用心浇
中交一公局

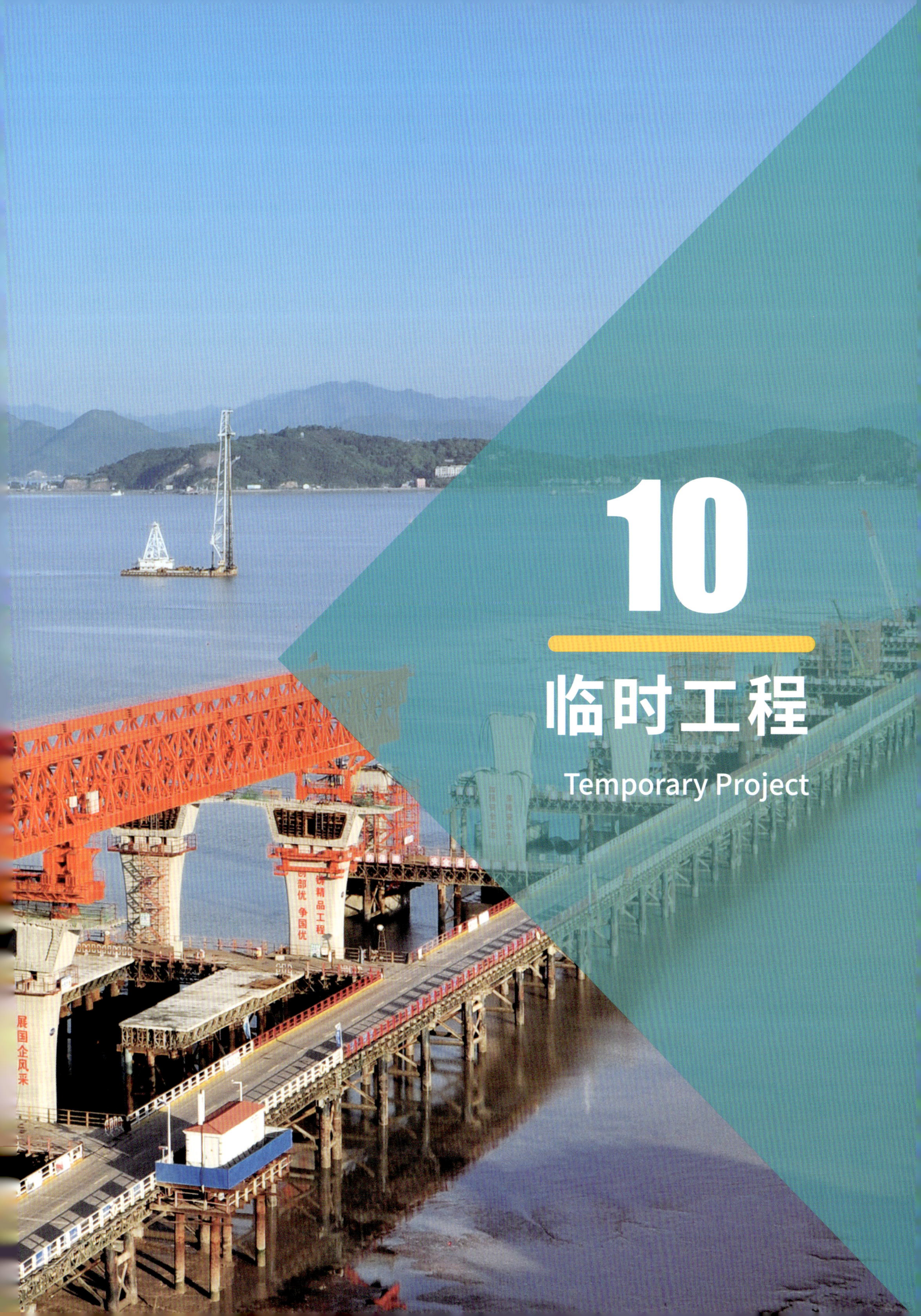

10 临时工程

Temporary Project

10.1 栈桥门禁系统

Trtstle Access Control System

■台州湾大桥及接线工程 TS9 标

■温州瓯江北口大桥工程 BKTJ-03 标

10.2 栈桥人车分流和防护

Man-Vehicle Dicersion and Protection of Trestle

■台州湾大桥及接线工程 TS9 标

■杭州绕城高速公路西复线杭绍段工程扩容杭州段工程 TJ07 标

10.3 栈桥作业平台标准化管理

Standardized Management of Trestle Operation Platform

■富翅门大桥 B 标

■杭州绕城高速公路西复线杭绍段工程扩容杭州段工程 TJ07 标

10.4 栈桥警示灯带

Trestle Warning Light Belt

■宁波舟山港主通道项目第 DSSG04 标

10.5 栈桥语音报警系统

Voice Alarm System for Trestle

10.6 施工便道管理

Construction Sidewalk Management

■乐清湾大桥及接线工程 YS02 标

■乐清湾大桥及接线工程 YS6 标

■义乌疏港高速公路工程项目

■长春至深圳高速公路（G25）浙江建德至金华段工程 TJ4 标

11

路基路面工程

Subgrade and Pavement Projects

11.1 高边坡开挖防护

Excavation Protection of High Slope

■杭州绕城西复线杭州段 6 标

■杭州绕城西复线杭州段 5 标

■温州瓯江北口大桥工程 BKTJ-02 标

11.2 路基施工安全警示

Safety Warning of Subgrade Construction

■义乌疏港高速公路工程项目

■乐清湾大桥及接线工程 YS4 标

■杭州绕城高速公路西复线杭绍段工程扩容杭州段工程 EPC 总部

11.3 路面施工标准化作业

Pavement Construction Standardization

■防撞系统

台州湾大桥及接线工程 LM1 标

■防撞系统

台州湾大桥及接线工程 LM1 标

■**摊铺机摄像头**

台州湾大桥及接线工程 LM1 标

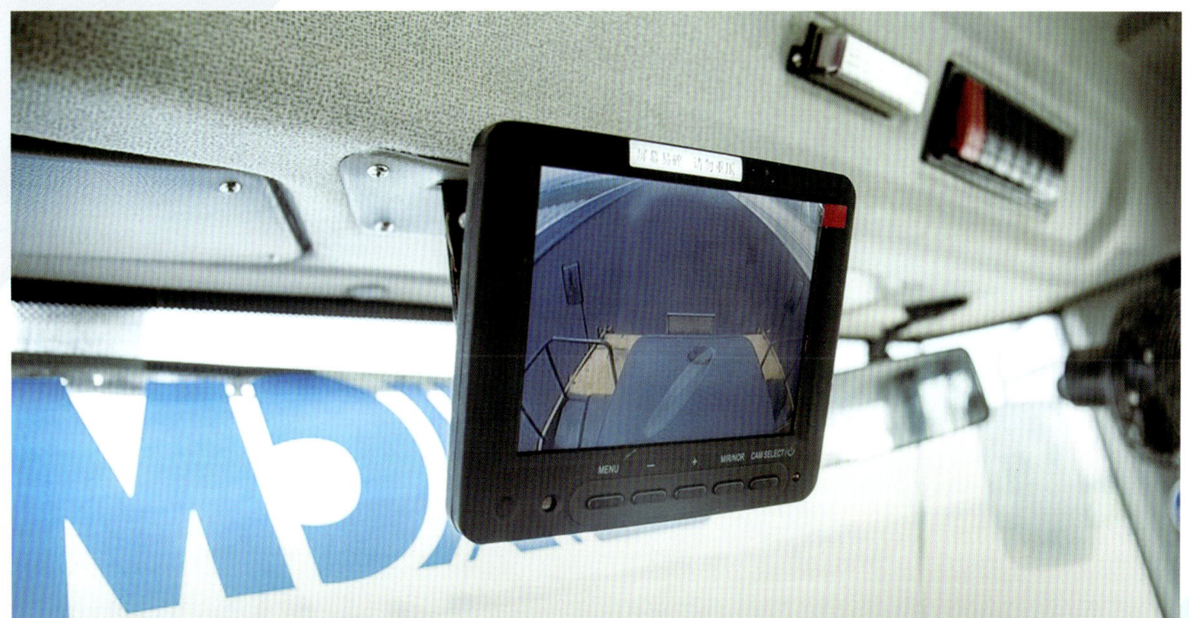

■**倒车系统**

台州湾大桥及接线工程 LM1 标

交一
建

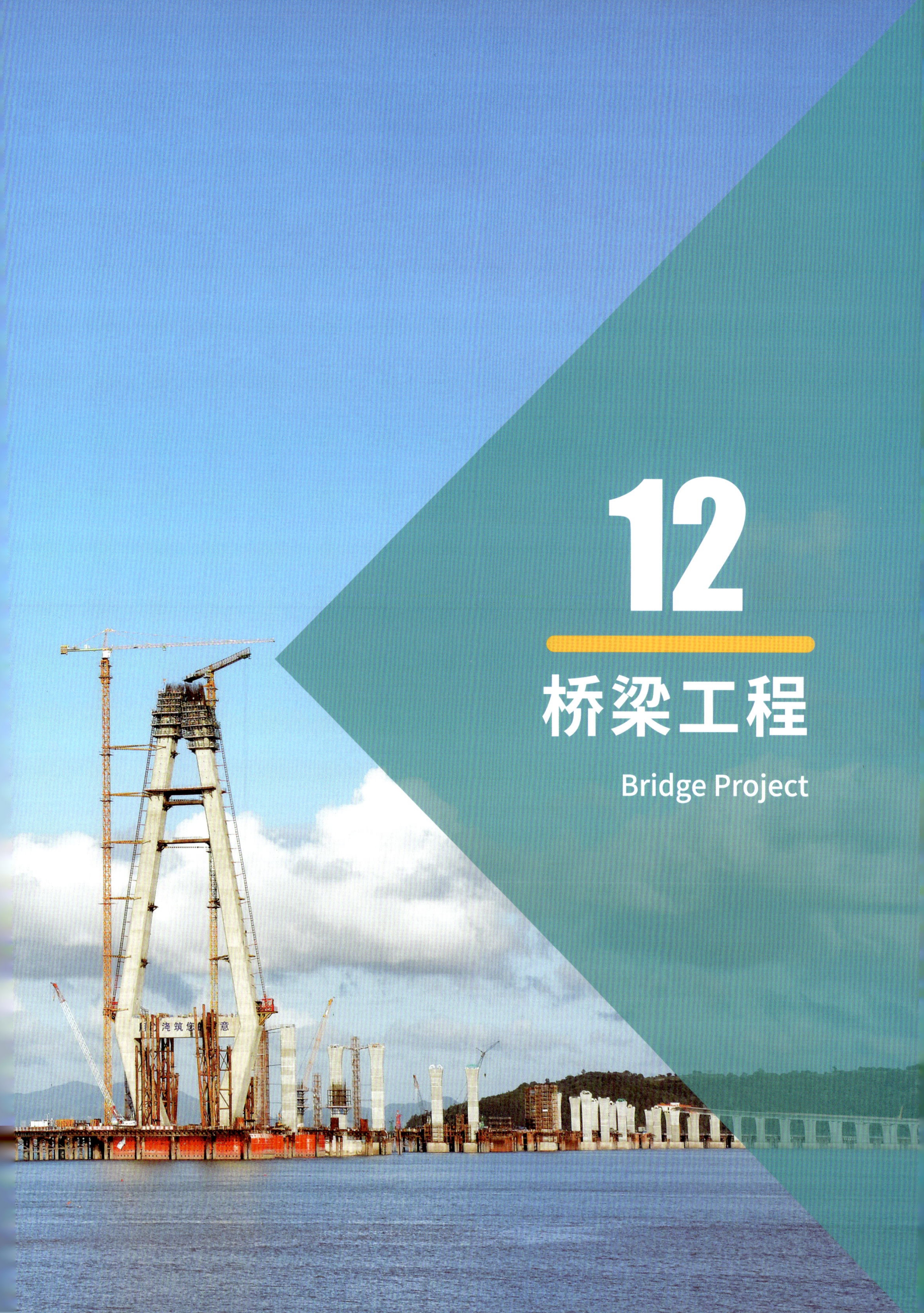

12 桥梁工程

Bridge Project

12.1 桩孔洞防护

Pile Hole Protection

■水上桩孔洞防护

宁波舟山港主通道项目第 DSSG05 标

■水上桩孔洞防护

温州瓯江北口大桥工程 BKTJ-03 标

■水上桩孔洞防护

G25 德清至 G60 桐乡高速联络线湖州段工程 LTJ01 标

■陆上桩孔洞防护

长春至深圳高速公路（G25）浙江建德至金华段工程 TJ4 标

■陆上桩孔洞防护

杭州绕城高速公路西复线杭绍段工程扩容杭州段工程 TJ7 标

■陆上桩孔洞防护

温州瓯江北口大桥工程 BKTJ-02 标

12.2 人工挖孔桩标准化作业

Standardized Operation of Manual Digging Pile

■ 人员上下专用吊篮

杭新景高速公路建德寿昌至开化白沙关（浙赣界）段（衢州段）

■ “双锁止装置”结构防坠器

杭新景高速公路建德寿昌至开化白沙关（浙赣界）段（衢州段）

■半月板防护

杭新景高速公路建德寿昌至开化白沙关（浙赣界）段（衢州段）

■空气检测仪

杭新景高速公路建德寿昌至开化白沙关（浙赣界）段（衢州段）

■席梦思爆破防护

杭新景高速公路建德寿昌至开化白沙关（浙赣界）段（衢州段）

12.3 泥浆池防护

Protection of Mud Pool

■台州湾大桥及接线工程 PPP2 标

■宁波舟山港主通道项目第 DSSG01 标

■温州瓯江北口大桥工程 BKTJ-02 标

12.4 基坑开挖防护

Protection of Excavation

■三门湾大桥及接线工程 TJ9 标

12.5 钢管桩防护

Protection of Steel Pipe

■宁波舟山港主通道项目第 DSSG02 标

12.6 钢围堰防护

Protection of Steel Cofferdam

■乐清湾大桥及接线工程 6 标

■台州湾大桥及接线工程 9 标

12.7 沉井防护

Open Caisson Protection

■温州瓯江北口大桥工程 BKTJ-03 标

■温州瓯江北口大桥工程 BKTJ-03 标

12.8 墩柱施工操作平台及防护

The Pier Operation Platform and Protection

■甬台温高速公路复线温州灵昆—阁巷段工程 TJ2 标

■乐清湾大桥及接线工程 YS4 标

■甬台温高速公路复线温州灵昆—阁巷段工程 TJ3 标

■鱼山大桥项目经理部

■乐清湾大桥及接线工程 YS6 标

■台州湾大桥及接线工程 TS9 标

12.9 盖梁施工登高车

Lifting Car for Cover Beam Construction

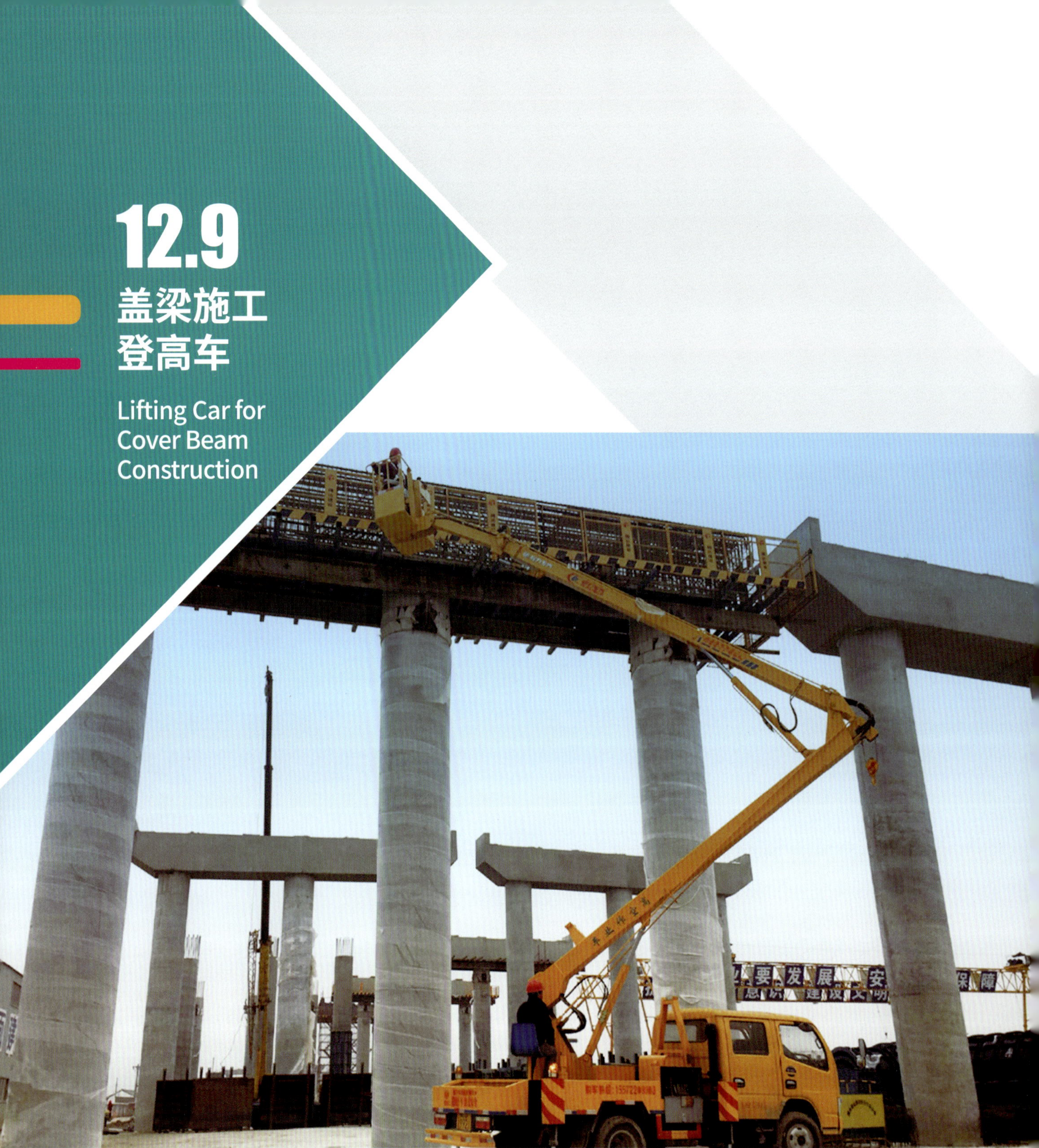

■台州湾大桥及接线工程 PPP2 标

■移动式作业平台

长春至深圳高速公路（G25）浙江建德至金华段工程 TJ4 标

12.10 盘扣式支架施工

Construction of Disc Bracket

■台州湾大桥及接线工程 TS14 标

12.11 碗扣式支架施工

Construction of Bowl Buckle Bracket

■乐清湾大桥及接线工程 YS4 标

■义乌疏港高速公路工程项目

■乐清湾大桥及接线工程 YS4 标

■杭绍台高速公路工程绍兴金华段第 HST-TJ03 标段

12.12 桥面临边防护

Bridge Facing Edge Protection

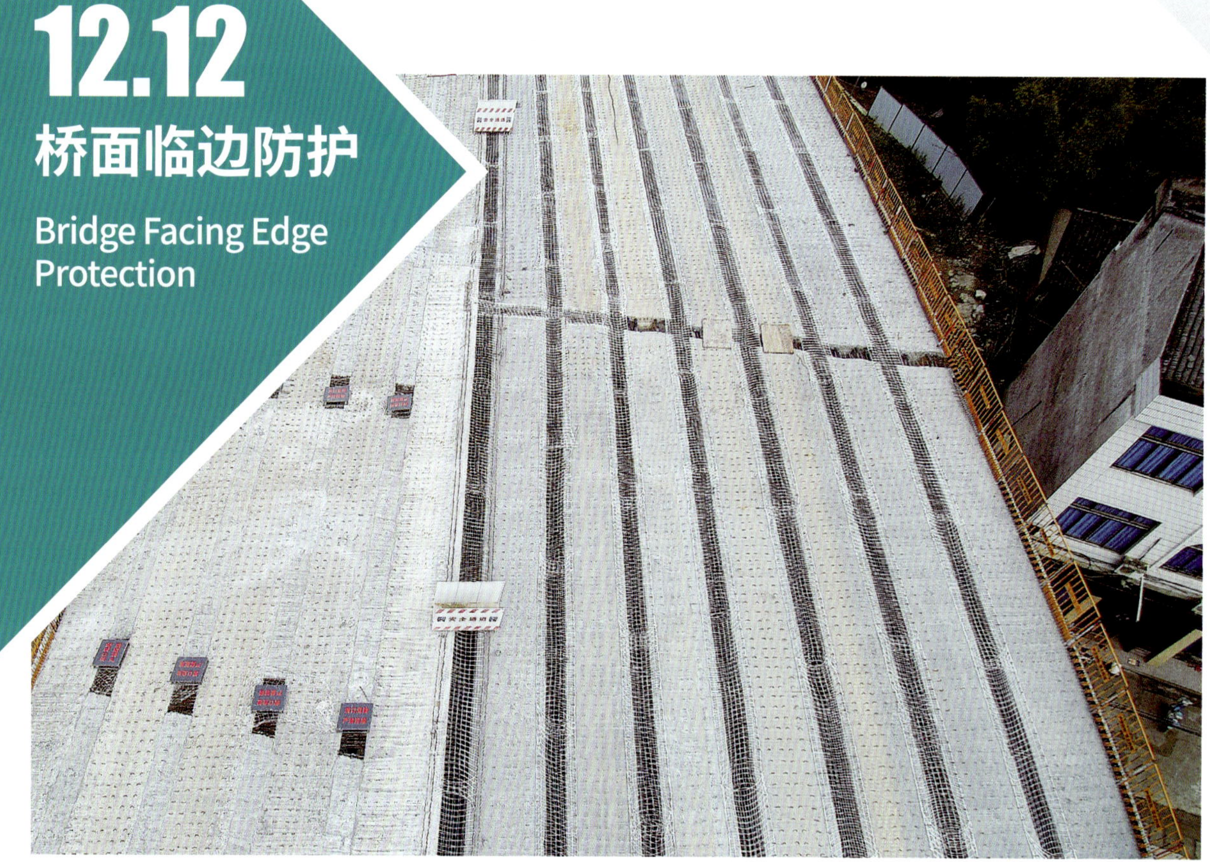
■龙丽温高速公路文瑞段 3 标

■甬台温高速公路复线温州灵昆—阁巷段工程 TJ2 标

■台州湾大桥及接线工程 TS10 标

12.13 桥面孔洞安全防护

Safety Protection of Bridg Deck Holes

12.14 安全通道及梯笼

Safety Passage and Ladder Cage

■温州瓯江北口大桥工程 BKTJ-03 标

■宁波舟山港主通道项目第 DSSG03 标

■杭绍台高速公路工程绍兴金华段第 HST-TJ03 标

■鱼山大桥项目

■长春至深圳高速公路(G25)浙江建德至金华段工程 TJ4 标

■台州湾大桥及接线工程 TS11 标

■龙丽温高速文瑞 6 标

12.15 移动式防撞护栏施工平台

Mobile Anti-Collision Barrier Construction Platform

■甬台温高速公路复线温州灵昆—阁巷段工程 TJ7 标

■乐清湾大桥及接线工程 YS2 标

■乐清湾大桥及接线工程 YS2 标

12.16 移动式负弯矩张拉作业平台

Mobile Negative Bending Moment Tension Platform

12.17

跨线施工安全防护

Safety Protection in Cross-Line Construction

■挂篮封闭防护

绍兴滨海产业集聚区三江至童家塔公路工程 1 标

■乐清湾大桥及接线工程 YS1 标

■绍兴滨海产业集聚区三江至童家塔公路工程 1 标

■台州湾大桥及接线工程 PPP2 标

■台州湾大桥及接线工程 TS13 标

12.18
边通车边施工安全围挡

Safety Enclosure in Construction While Opening to Traffic

中国中
承建杭绍台高

13

隧道工程

Tunnel Project

13.1 隧道洞口管理

Tunnel Entrance Management

■隧道洞口显示屏

长春至深圳高速公路（G25）浙江建德至金华段工程 TJ4 标

■施工人员门禁管理

乐清湾大桥及接线工程 YS2 标

■杭绍台高速公路工程绍兴金华段第 HST-TJ03 标

■隧道洞口车辆门禁管理

台州湾大桥及接线工程 TS15 标

13.2
隧道洞口休息区
Resting Area of Tunnel Entrance

■杭绍台高速公路工程绍兴金华段第 HST-TJ03 标段

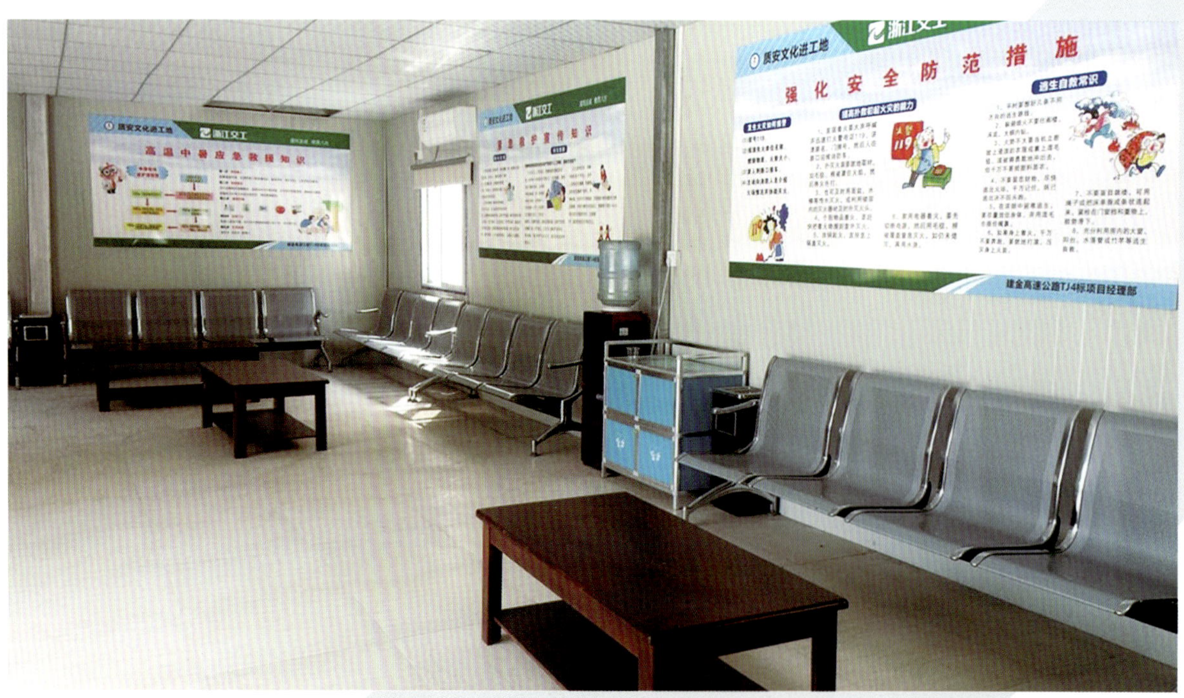

■长春至深圳高速公路（G25）浙江建德至金华段工程 TJ4 标

13.3 隧道洞口爆破施工围挡

Tunnel Blasting Construction Enclosure

■隧道洞口爆破施工围挡

■长春至深圳高速公路（G25）浙江建德至金华段工程 TJ4 标

13.4

隧道施工
液压栈桥

Hydraulic Trestle in Tunnel Construction

■杭绍台高速公路工程绍兴金华段第 HST-TJ03 标段

13.5 湿喷机械手

Wet Spraying Manipulator

■长春至深圳高速公路（G25）浙江建德至金华段工程 TJ4 标

13.6

隧道施工台车防护

Protection of Tunnel Construction Trolley

■乐清湾大桥及接线工程 YS5 标

■温州瓯江北口大桥工程 BKTJ-02 标

■温州瓯江北口大桥工程 BKTJ-02 标

13.7 隧道施工台车防护和通风管道设置

Trolley Tunnel Construction Protection and Ventiation Pipe Set

■甬台温高速公路复线平苍段工程 2 标

■杭绍台高速公路工程绍兴金华段工程第 HST-TJ03 标

■三门湾大桥及接线工程宁波段 TJ1 标

13.8 隧道施工逃生通道

Escape Pipeline in Tunnel Construction

13.9 隧道施工水幕除尘

Water Curtain Dust Tunnel Construction

■申嘉湖高速公路西延段工程 3 标

13.10 隧道施工应急物资库

Emergency Material Bank for Tunnel Construction

■台州湾大桥及接线工程 PPP1 标

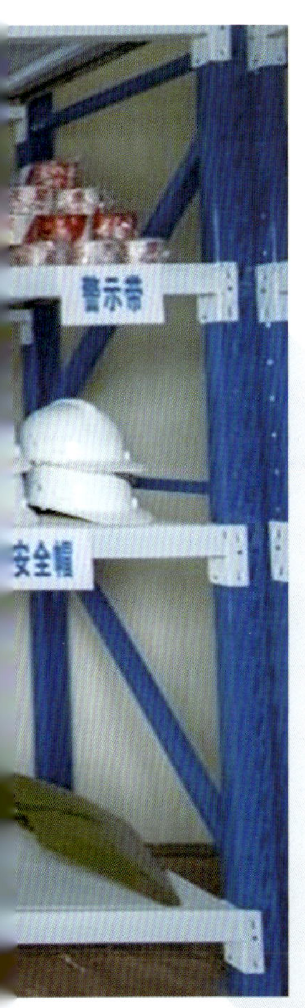

■浙江省甬台温高速公路复线温州灵昆—阁巷段工程 2 标

14 码头工程

Wharf Project

14.1 施工安全通道

Construction Safety Channel

■宁波一舟山港梅山港区工程

安全责任 落实安全措施
质安文化进工地
班前质安交底讲台
安全责任重在落
安全生产人人有责
培训的目的
安全生产十大纪律
班前会细则
施工人员安全着装示意图
防微杜渐 警钟长鸣
生产工人行为规范
禁止烟火
当心坠落
当心触电

15

安全文化

Safety Culture

15.1 班前讲台及班前教育

Pre-Class Platform and Pre-Class Education

■杭绍台高速公路工程绍兴金华段第 HST-TJ03 标段

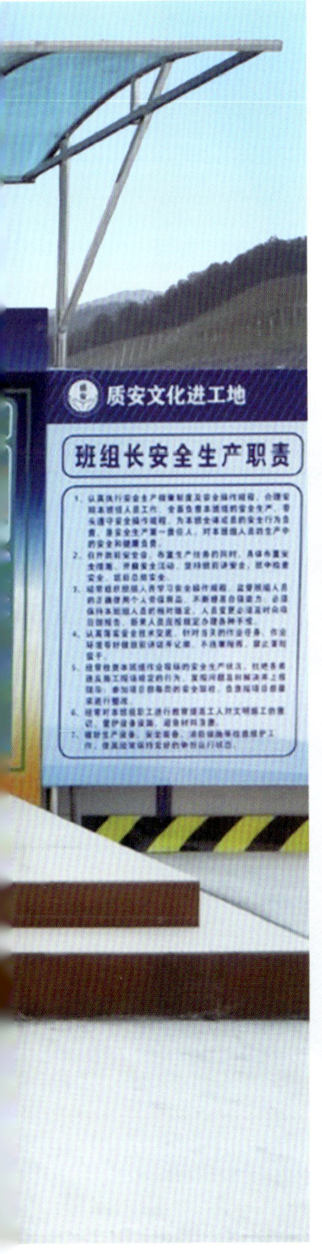

■杭州绕城高速公路西复线杭绍段工程扩容杭州段工程 TJ07 标

■义乌疏港高速公路工程项目

15.2 安全体验馆

Safety Experience Hall

■温州瓯江北口大桥工程 BKTJ-03 标

■宁波舟山港主通道项目第 DSSG05 标

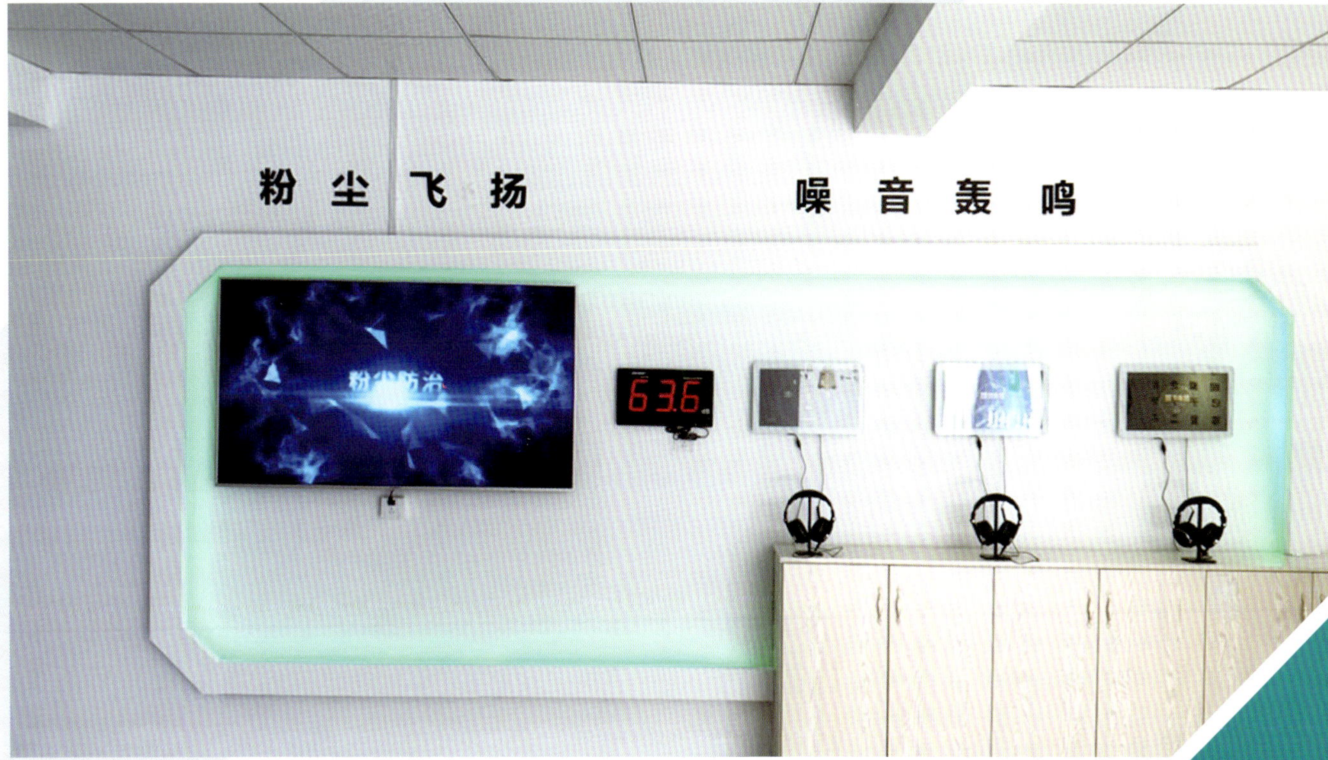

■杭州绕城高速公路西复线杭绍段工程扩容杭州段工程 TJ03 标

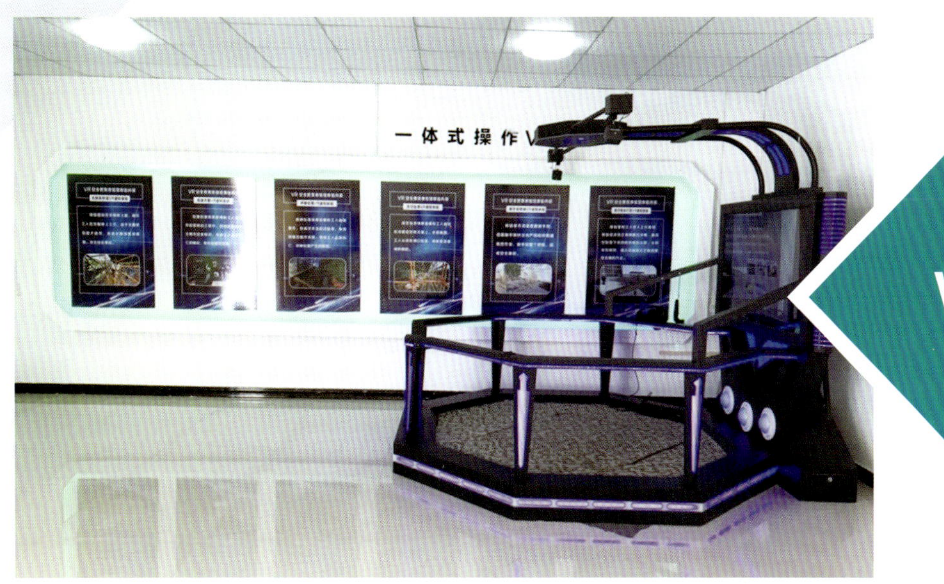

■杭州绕城高速公路西复线杭绍段工程扩容杭州段工程 TJ03 标

15.3 VR 体验馆

VR Experience Museum

15.4 安全教育培训

Safety Education and Training

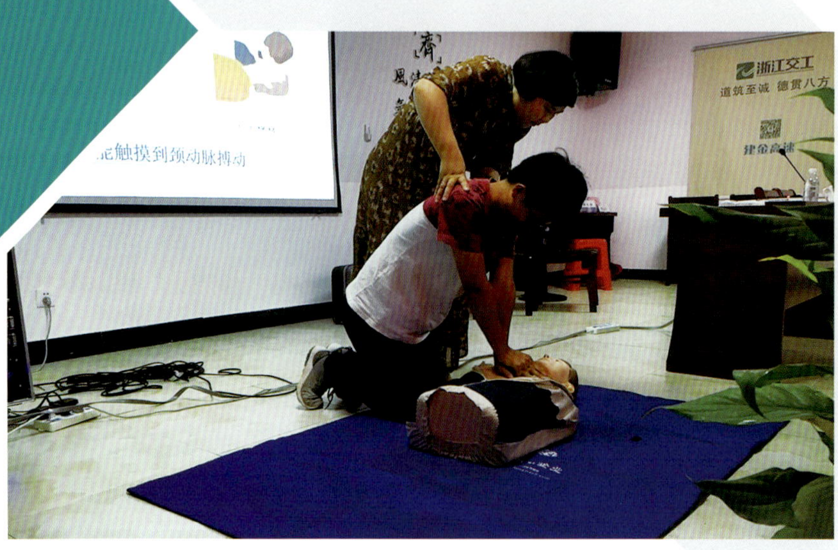

■长春至深圳高速公路（G25）浙江建德至金华段工程 TJ3 标

■温州瓯江北口大桥工程 BKTJ-02 标

■温州瓯江北口大桥工程 BKTJ-02 标

■温州瓯江北口大桥工程 BKTJ-02 标

15.5 工人进场体检

Workers Entering the Examination

15.6 人性化管理

Humanized Management

■宁波舟山港主通道项目第 DSSG05 标

■长春至深圳高速公路（G25）浙江建德至金华段工程 TJ3 标

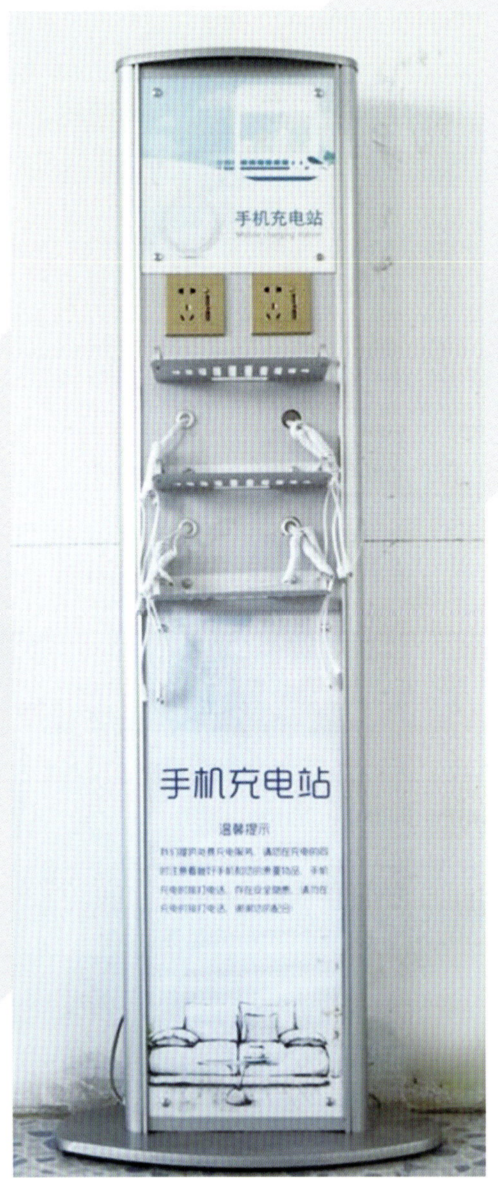

■宁波舟山港主通道项目第 DSSG03 标

■温州瓯江北口大桥工程 BKTJ-02 标

■温州瓯江北口大桥工程 BKTJ-02 标

15.7 质安文化进工地

Quality & Safety Cultural Engineering Site

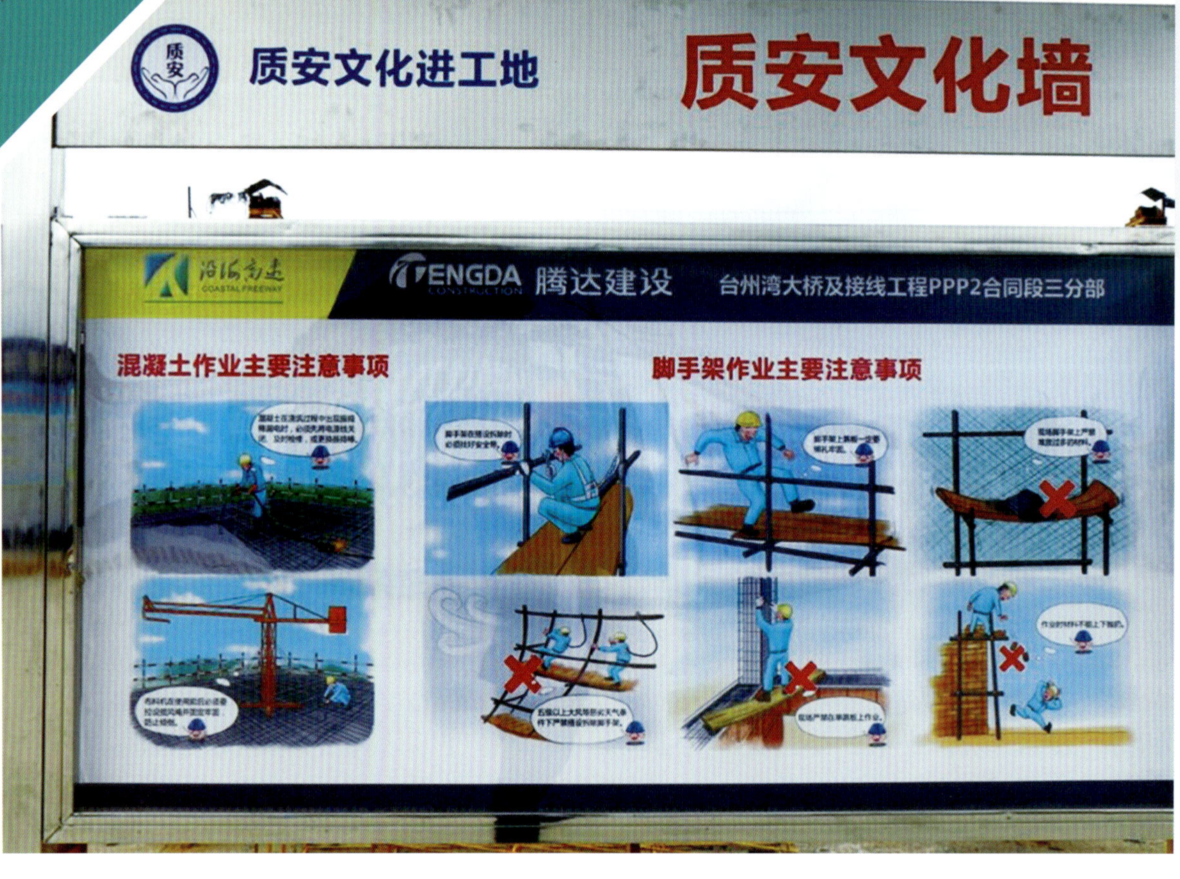

■台州湾大桥及接线工程 PPP2 标

质安文化进工地

推进“智慧用电”提升用电本质安全

项目部推行智慧用电安全管理系统和工人宿舍USB低电压（5V）供电系统，全面保障施工用电安全和生活区电气安全。智慧用电系统可以对线路中可能产生的漏电、电弧、过载、短路、线缆温度异常等电气安全隐患做到完全暴露。可以通过web端或手机APP对电气线路24小时监控（包括实时数据），发生电气隐患报警后，系统会发送报警，并自动督促整改，对隐患处理的整个过程进行监控，有效避免电气火灾的发生。智慧用电作为智能电网的一个组成部分，智慧用电扮演着举足轻重的角色。

智慧式用电安全隐患监管服务系统结构图

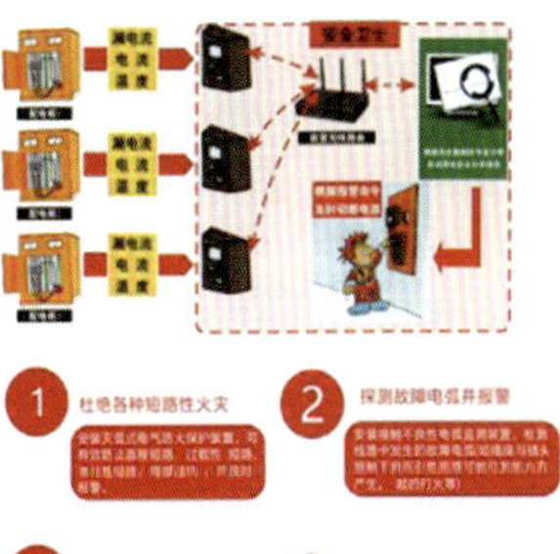

1 杜绝各种短路性火灾

2 探测故障电弧并报警

3 检测线缆温度、电流、电压、漏电等数据

4 监测各个回路用电量

在实现电气安全保护的同时，将线路的电气安全参数实时传送至云平台，实现电气安全隐患统一管理，并提供远程实时监控、手机APP管理、大数据及企业级电气安全微服务等丰富功能。

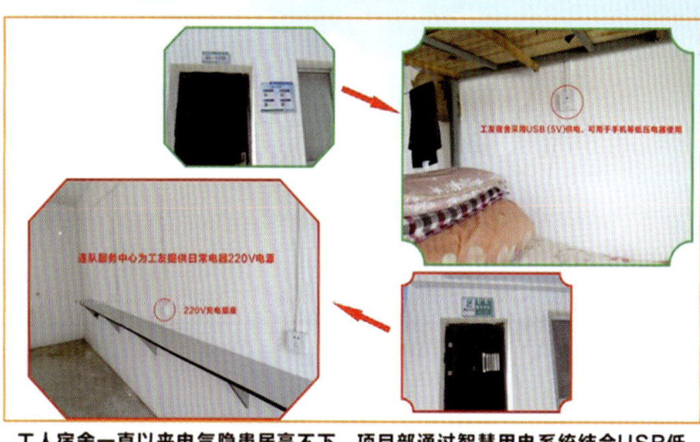

工人宿舍一直以来电气隐患居高不下，项目部通过智慧用电系统结合USB低压供电系统从本质上大幅度降低电气隐患。

主通道项目第DSSG01标段项目部

■宁波舟山港主通道项目第 DSSG01 标

■台州湾大桥及接线工程 PPP2 标

15.8
安全文化墙
Safety Cultural Wall

■甬台温高速公路复线温州瑞安至苍南段工程 4 标